Helma Danner

Die Bio-Kochschule
für unsere Kinder

Für Susi, Birgit und Corinna

Helma Danner

Die Bio-Kochschule
für unsere Kinder

ECON Verlag

Düsseldorf · Wien · New York

Zeichnungen: Eva-Marie Wowy
Umschlagfoto: Foto Köstler

CIP-Kurztitelaufnahme der Deutschen Bibliothek

Danner, Helma:
Die Bio-Kochschule für unsere Kinder /
Helma Danner. [Zeichn.: Eva-Marie Wowy]. –
Düsseldorf; Wien; New York: ECON Verlag, 1987.
ISBN 3-430-12016-0

Gesetzt aus der Helvetica der Fa. Berthold
Satz: Dörlemann-Satz, Lemförde
Papier: Papierfabrik Schleipen GmbH, Bad Dürkheim
Druck und Bindearbeiten: Ebner Ulm
Printed in Germany
ISBN 3-430-12016-0

Die roten Seiten

Die roten Seiten lese ich zuerst, damit mir auch alles gelingt:

Die grünen Seiten

Das Wichtigste an jedem Tag: Das Frischkorngericht:

Salat, Salat . . . vor jedem Essen Salat:

Die blauen Seiten

Suppen schmecken im Sommer und im Winter – Mit der Sauce rutscht es besser:

Hauptgerichte zum Sattessen:

Die gelben Seiten

Für die Süßen –
ein süßes Hauptgericht:

Die braunen Seiten

Du kannst dein Brot selbst backen:

Pikantes Kleingebäck:

Kuchenbäckers Lieblingsrezepte:

Plätzchen:

Süßes Kleingebäck:

Die lila Seiten

Allerlei Schleckereien
für viele Gelegenheiten:

Vorwort

Liebe Mädels, liebe Jungen,
Ihr wundert Euch wahrscheinlich, daß ein *Arzt* zu einem Kochbuch für Kinder und Jugendliche ein Vorwort schreibt. Was hat denn Kochen und Bakken, überhaupt das Essen, mit Gesundheit und Krankheit zu tun? Viel mehr, als Ihr annehmt.

Heute gibt es weit mehr kranke Menschen als früher, und von Jahr zu Jahr werden es mehr. Dabei fällt auf, daß immer jüngere Lebensalter ergriffen werden und daß Krankheiten, die früher nur ältere Menschen erfaßten, heute schon Kinder und Jugendliche befallen. Leider wissen auch die meisten Erwachsenen nicht, daß viele Krankheiten mit falscher Ernährung zusammenhängen. Wir Ärzte sprechen von *ernährungsbedingten Zivilisationskrankheiten*. Unsere Vorfahren, die Menschen vor etwa 100 Jahren, haben sich erheblich anders ernährt als wir heute. Die Zivilisation hat uns viele Bequemlichkeiten gebracht; wir können mit der Eisenbahn, dem Auto, dem Flugzeug ferne Ziele schnell erreichen, wir können telefonieren und ferne Ereignisse in Rundfunk und Fernsehen miterleben, und wir können mit künstlichem Licht die Nacht zum Tage machen. Auch die Nahrung können wir verfeinern und durch technische Eingriffe aus jedem Lebensmittel ein Genußmittel machen. Diese künstliche Veränderung unserer ursprünglichen Lebensmittel, von denen die Menschen lebten, seit die Welt steht, ist die Ursache zahlreicher Krankheiten. Die Zusammenhänge hat man erst spät erkannt, da es Jahrzehnte dauert, bis eine falsche Ernährung sich als Krankheit äußert.

Wollt Ihr gesund bleiben, müßt Ihr schon in der Kindheit mit einer gesunderhaltenden Ernährung beginnen. Viele Kinder, aber auch noch Erwachsene, meinen, es sei selbstverständlich, daß man gesund ist, und es sei eben Pech oder ein unglücklicher Zufall, wenn man krank wird. Dies ist aber ein großer Irrtum. Jede Krankheit hat Ursachen. Jeder von Euch war schon mal krank und hat erlebt, daß Kranksein nicht schön ist und nur Nachteile mit sich bringt.

Wäre es nicht wunderbar, zu erfahren, wie Ihr herrlich schmeckende Speisen zubereiten könnt und dazu die Gewißheit habt, nicht nur jetzt, sondern auch im späteren Leben gesund zu bleiben? Ihr lebt ja zusammen mit Erwachsenen und könnt täglich erleben, wie wenig Erwachsene es gibt, die noch ganz gesund sind, und wieviel Not Kranksein in die Familie bringt.

Ihr erlebt auch, daß die Erwachsenen nicht wissen, daß sie durch falsches Essen krank geworden sind, sonst hätten sie doch sicher etwas getan, um nicht krank zu werden.

Die Ernährungswissenschaft hat festgestellt, daß der Mensch außer den Grundnährstoffen Eiweiß, Fett und Kohlenhydraten, die in den Lebensmitteln enthalten sind, auch sogenannte Vitalstoffe, z.B. Vitamine und Mineralstoffe, braucht, um gesund zu bleiben.

Da manche dieser Vitalstoffe verlorengehen, wenn wir die Lebensmittel erhitzen oder in der Fabrik künstlich Nahrungsmittel daraus herstellen, müssen wir eben die Lebensmittel so natürlich wie möglich essen. So nehmt Ihr z.B. zum Süßen anstelle des in der Fabrik hergestellten Zuckers Honig und süße Früchte.

16

Schon an den Zähnen könnt Ihr sehen, was in der Fabrik hergestellter Zucker anrichten kann: Der Mensch hat 32 Zähne; aber bei keinem Erwachsenen sind sie noch alle gesund. Der Zahnarzt muß bohren, er macht Zahnfüllungen, Brücken, Stiftzähne und künstliche Gebisse. Schon allein um bis ins hohe Alter eigene schöne Zähne zu erhalten, wäre es gut, in der Kindheit mit gesunder und gutschmeckender Nahrung zu beginnen. Mit einer solchen Nahrung können auch alle anderen Krankheiten, die durch unzureichende Ernährung entstehen, vermieden werden, z. B. die immer wiederkehrenden Erkältungen, Mandelentzündungen, Dicksein, Zuckerkrankheit, Rheuma, Gelenkkrankheiten, Lebererkrankungen, Steinbildungen, Herzinfarkt und viele andere. Wenn Ihr Euch als Kinder so ernährt, daß kein Zahn schlecht wird, so werdet Ihr im späteren Alter von all den ernährungsbedingten Krankheiten, die ich eben aufgezählt habe, verschont bleiben.

Macht es da nicht doppelt soviel Spaß, gleich richtig Kochen und Backen zu lernen und Speisen herbeizuzaubern, die nicht nur gut schmecken, sondern auch fit und gesund erhalten?

Dr. M. O. Bruker
Arzt für innere Krankheiten
Ärztlicher Leiter des
Krankenhauses Lahnhöhe
5420 Lahnstein

Einleitung

Liebe Mädels, liebe Jungen,
vor Euch liegt ein besonderes Kochbuch, die Bio-Kochschule. Sie enthält eine große Anzahl leckerer und guter Rezepte, nach denen Kinder und Jugendliche gerne kochen und backen. Viele lustige und erklärende Zeichnungen erleichtern Euch die Arbeit. Zur besseren Übersicht sind alle Koch- und Backzutaten für jedes einzelne Rezept auf ein Regal gezeichnet. Das Besondere jedoch an diesem Kochbuch sind die naturbelassenen Zutaten. Für viele von Euch wird das neu sein, darum will ich es kurz erklären.

Naturbelassen heißt ganz einfach unverändert, so wie es von der Natur geschaffen wurde. So findet Ihr das Gemüse, das üblicherweise oft gekocht wird, als Salate zubereitet. Ebenso werden Kompott und Marmelade aus rohem Obst gemacht. Das schmeckt nicht nur gut, sondern die ganze natürliche Frische vom Gemüse und Obst bleibt erhalten mit allen Vitaminen und allen anderen wichtigen Vitalstoffen. Vitalstoffe sind biologische Wirkstoffe, die der Mensch zur Erhaltung seiner Gesundheit braucht.

Naturbelassenes Gemüse und Obst sind Euch vielleicht schon bisher bekannt gewesen. Wißt Ihr aber auch, was naturbelassenes Mehl ist, aus dem Ihr Plätzchen, Kuchen oder Brot backt? Es ist ganz einfach, Ihr bereitet es aus Getreide, beispielsweise aus dem Weizen, selbst zu. Die Weizenkörner werden abgewogen und in die Getreidemühle geschüttet. Ihr stellt eine Schüssel darunter, in die beim Mahlvorgang das Mehl fällt, naturbelassenes, frisches Mehl. Es heißt Vollkornmehl, weil das volle Korn gemahlen wurde. Es enthält auch sehr viele

Vitalstoffe, die ihm alle von der Natur mitgegeben wurden und zur Erhaltung unserer Gesundheit notwendig sind. Mit diesem Vollkornmehl bereitet Ihr viele leckere Backwaren und Gerichte. Diese sind nicht nur gesund, sondern schmecken auch ganz herrlich, so richtig herzhaft. Ihr werdet bestimmt oft gar nicht mehr aufhören können, zu essen.

Wenn Ihr keine Getreidemühle besitzt, laßt Ihr Euch das Getreide im Reformhaus oder Bioladen frisch mahlen.

Womit süßen wir? Es muß auch naturbelassen und unverändert sein! Das ist in erster Linie der Honig, den die Bienen aus Nektar und anderen Pflanzensäften mit körpereigenen Stoffen bereiten. Aber auch in allen reifen Früchten und auch in Trockenfrüchten ist so viel naturbelassener Zucker enthalten, daß wir den Zucker, der in der Fabrik hergestellt wird, gar nicht brauchen. Ja, Ihr sollt ihn sogar meiden, weil er an der Entstehung vieler Krankheiten mitbeteiligt ist. Alle Schleckereien, die Ihr und auch die Erwachsenen so gerne mögen, könnt Ihr Euch selbst zubereiten. Mit Früchten, Nüssen, Honig, Trockenfrüchten und Sahne gelingen Euch die leckersten Dinge. Ihr werdet's ja lesen, es gibt Eis, Marzipankartoffeln, Obstspießchen und vieles Gute mehr.

Noch ein wichtiges Lebensmittel, das auch naturbelassen sein soll, das Fett, verwendet Ihr in diesem Kochbuch. Dazu zählen die Butter, die Sahne, die kaltgepreßten oder kaltgeschlagenen Öle und die weitgehendst naturbelassenen Margarinen aus dem Reformhaus oder Bioladen. Ihr werdet feststellen, daß ein selbstgebackenes Brötchen oder Brot mit Butter bestrichen ein Hochgenuß sind, daß Kuchen und Plätzchen mit Butter gebacken einen ganz besonders feinen Geschmack haben und daß einfach jedes Gericht in der Küche, zu dem Ihr Butter verwendet, eine ganz besondere Note erhält. Zu allen Salaten verwendet Ihr die kaltgepreßten oder kaltgeschlagenen Öle.

Das waren die wichtigsten naturbelassenen Lebensmittel, die Ihr zum Kochen und Backen verwenden sollt. Alle anderen Zutaten werden Euch auch bald vertraut sein, und Ihr werdet schnell herausgefunden haben, wo Ihr sie bekommen könnt. Denkt bitte immer daran, daß Ihr alles so naturbelassen wie möglich verwendet. Ihr werdet jetzt auch verstehen, warum dieses Kochbuch »Die Bio-Kochschule« heißt.

Und nun wünsche ich Euch viel Freude und Spaß beim Kochen und Backen.

Helma Danner
Gesundheitsberaterin (GGB)

Wie machst du das?

1. Abreiben von Zitronen- oder Orangenschalen

Die verwendeten Zitronen oder Orangen müssen immer unbehandelt sein. Wasche sie zuerst gut ab, und reibe die Schale unter ständigem Drehen auf einer feinen Reibe ab. Bei Zitronen reibst du nur das Gelbe der Schale und bei Orangen nur das Orangene der äußeren Schale ab, damit die Schale nicht bitter schmeckt im Kuchen.

Wenn du kein feines Reibeisen hast, dann nimm eine Kartoffelreibe, lege auf die Reibfläche ein Blatt Butterbrotpapier, und reibe nun die Schale ab. Dann hebst du das Papier ab und streifst das Abgeriebene vom Papier in die Schüssel.

2. Backen in der Pfanne

Gib zuerst das Fett in die Pfanne, entweder Butter oder kaltgepreßte Öle. Beim Gasherd kannst du die Hitze gut regulieren, stelle sie zwischen große und kleine Flamme ein. Beim Elektroherd muß der Pfannenboden so groß wie oder größer sein als die Elektroplatte. Die Herdeinstellung ist 2, wenn 3 die höchste Einstellung ist. Die Schnellkochplatten eignen sich nicht gut zum Backen in der Pfanne.

Vor dem Umwenden des Bratgutes gibst du nochmals etwas Fett in die Pfanne.

3. Backen in der Röhre

Wenn du bäckst, ob Kuchen, Brot oder Brötchen, dann denke an das Vorheizen der Backröhre.

Beim Gasherd genügt es, 2 – 3 Minuten vor dem Einschieben die Flammen zu entzünden.

Beim Elektroherd mußt du 10 – 15 Minuten vor dem Einschieben den Herd einschalten.

Beim Elektro-Gebläseherd dauert es nur ca. 5 Minuten, bis die eingestellte Temperatur erreicht ist. Bei dieser Herdart darfst du auch nicht die im Buch angegebene Temperatur einstellen, sondern immer etwas niedriger (20 – 30°).

4. Eier aufschlagen und trennen

Wasche das Ei vorsichtig ab und stelle eine Tasse bereit. Nimm das Ei in die Hand, schlage es in der Mitte an den Tassenrand (nicht so stark, daß es gleich auseinanderbricht) und drehe die Bruchstelle gleich nach oben. Dann nimmst du es in beide Hände, brichst es über der Tasse auseinander und läßt es in die Tasse gleiten. Willst du Dotter und Eischnee trennen, brauchst du zwei Tassen. Schlage das Ei am Tassenrand auf und breche es über der Tasse auf. Die linke Eihälfte hältst du dabei mit der Öffnung nach oben, damit der Dotter dort verbleibt und nur das Eiweiß in die Tasse läuft. Dann gießt du die rechte Eihälfte ganz aus und gießt den Dotter von der linken Eischale in die rechte Eischale. Vorsichtig läßt du dabei das Eiweiß in die Tasse laufen. Dann gießt du den Dotter wieder nach links, und wenn alles Eiweiß weggelaufen ist, gibst du ihn in die zweite bereitgestellte Tasse.

5. Eischnee schlagen

Gib das Eiweiß in eine hohe Tasse oder kleine Schüssel oder, wenn es mehr Eiweiße sind, in einen schmalen hohen Topf, und schlage es mit dem Elektroquirl oder dem Sahneschläger steif. Wenn du glaubst, es ist schon steif, dann drehe vorsichtig die Schüssel oder Tasse um. Wenn nichts mehr läuft, dann ist der Eischnee fest.

6. Einfetten, Einmehlen und Bröseln von Blech, Auflaufform, Kuchenform

Zum Einfetten eines Bleches, einer Kuchenform oder Auflaufform nimmst du immer Butter. Du kannst ein Stück Butterbrotpapier nehmen und mit diesem ein Stückchen Butter auf dem Blech verreiben. Du kannst aber auch ein Stückchen Butter in der Pfanne auf dem Herd zerlaufen lassen und Blech oder Form mit dem Pinsel einfetten. Dies ist besonders bei Napfkuchenformen günstig.

Hast du nun das Blech oder die Form eingefettet, dann streust du Vollkornsemmelbrösel oder Vollkornmehl auf das Blech oder in die Form und schüttelst es vorsichtig hin und her, damit alles mit Mehl oder Brösel abgedeckt ist.

7. Honig abwiegen

Leider kann man nicht in allen Rezepten den Honig eßlöffelweise dazugeben, weil auf einen Eßlöffel mal viel und mal wenig Honig paßt, je nachdem, wie flüssig der Honig ist. Aber Honig wiegen ist ganz einfach: Stelle deine Backschüssel auf die Waage und wiege sie genau aus. Zähle nun zu diesem Gewicht die angegebene Honigmenge und lasse sie dazulaufen.

Ganz einfach geht das bei den *Zuwiege*-Waagen. Du stellst die Schüssel auf die Waage, schiebst die Skala mit »0« auf den Zeiger, und schon kannst du den Honig dazulaufen lassen und dabei die Menge ablesen.

8. Kochen – Quellen

Wähle den richtigen Topf: Er soll nicht zu groß sein, daß das Kochgut nur den Boden bedeckt, und nicht zu klein, damit es beim Kochen nicht gleich überläuft. Suche dir auch den passenden Deckel dazu.

Beim Gasherd stellst du die Flamme auf groß, sie darf jedoch nicht seitlich am Topf herauskommen, sondern nur den Topfboden anheizen. Wenn der Inhalt kocht, drehst du die Flamme so klein, daß es leicht weiterkocht (mit Deckel).

Beim Elektroherd darf der Topfboden nicht kleiner sein als die Elektroplatte. Stelle sie zum Kochen auf die größte Hitzeeinstellung und drehe dann zurück auf kleine Hitze, Einstellung 1 – 1½. Beim Elektroherd kannst du auch schon, bevor es kocht, zurückschalten auf kleine Hitze, dazu brauchst du jedoch schon etwas Erfahrung.

Wenn das Kochgut nur noch quellen muß, dann stellst du, wenn es kocht, beim Gasherd die Flamme auf ganz klein. Beim Elektroherd kannst du die Platte ausschalten, denn sie hält lange warm.

9. Kräuter schneiden und wiegen

Wasche die Kräuter in einer Schüssel, und hebe sie in ein Sieb. Wiederhole dies 2- bis 3mal. Schnittlauch kannst du in der Hand halten und unter fließendem Wasser waschen. Trockne die Kräuter etwas in Küchenpapier, nimm Holzbrett, Messer und Wiegemesser. Lege sie dir schön nacheinander auf das Brett, halbiere sie und lege die beiden Schnittflächen übereinander, dann hast du gleich einen glatten Anfang. Halte sie nun mit der linken Hand fest, ziemlich weit vorne, wo du schneidest. Schneide nun so feine Streifen ab, wie du kannst, und rücke dabei mit der anderen Hand langsam zurück, damit du dich nicht schneidest.

Schnittlauch und Zwiebelschlotten sind somit fein geschnitten. Andere Kräuter wie Petersilie, Dill, Borretsch oder Majoran kannst du mit dem Wiegemesser noch zusätzlich fein wiegen. Nimm das Wiegemesser in beide Hände und wiege hin und her, von vorne nach hinten. Dann schiebst du sie wieder in die Mitte zusammen und wiegst sie nochmals, bis sie fein sind.

10. Mehl mahlen

Wiege auf deiner Waage die angegebene Menge in Getreidekörnern ab. Stelle die Getreidemühle auf die feinste Einstellung und gib das Getreide in den Einfülltrichter. Stelle eine passende Schüssel unter die Mehlauswurfstelle, und schon läuft das Mehl aus der Mühle. Mahle das Mehl nicht auf Vorrat, sondern erst, wenn du es brauchst. Wenn du keine Getreidemühle besitzt, kannst du dir das Getreide meist in Reformhäusern oder Bioläden mahlen lassen.

11. Sahne steif schlagen

Fülle die kalte Sahne in einen schmalen hohen Topf, halte den Elektroquirl hinein und laß ihn auf Stufe 1 anlaufen. Nach ca. 1 Minute schaltest du auf Stellung 2 und nach einer weiteren Minute auf Stellung 3. Wenn du das Gerät langsam hin und her bewegst, siehst du auch, wenn die Sahne anfängt fest zu werden. Wenn die Rillen, die durch das Schlagen entstehen, nicht mehr verlaufen, ist die Sahne steif.

Möchtest du, daß die Sahne gesüßt ist, dann gib zur steifen Sahne den flüssigen Honig, 1 Teelöffel auf 1 Becher Sahne, und lasse nochmals das Gerät kurz laufen.

Auch mit dem Sahnerädchen läßt sich die Sahne gut steif schlagen.

Die 3. Möglichkeit ist der Schneebesen. Dazu mußt du die Sahne in eine Rührschüssel füllen, damit du den Schneebesen schön schwingen und durch die Sahne ziehen kannst. Das dauert nur etwas länger als mit Quirl und Sahnerädchen.

In allen 3 Fällen ist wichtig, daß die Sahne kalt ist (aus dem Kühlschrank) und daß du aufhörst zu schlagen, wenn sie steif ist, sonst wird es Butter.

12. Teig kneten

Jeder Hefeteig muß gut geknetet werden. Wenn die Hefe hochgestiegen ist in der Mehlmitte, dann kommen die angegebenen Zutaten zum Mehl. Danach verrührst du erst alles mit dem Kochlöffel und dann wird mit der Hand geknetet. Mit der linken Hand hältst du die Schüssel und mit der rechten Hand knetest du erst mal alles zu einer Teigkugel zusammen. Stelle dir immer eine Schüssel mit lauwarmem Wasser neben die Teigschüssel, und wenn deine Hand stark klebt, dann tauche sie in die Schüssel und knete weiter. Sie wird daraufhin wieder sauber. Du drückst nun die Teigkugel immer wieder zusammen, von außen immer zur Mitte zu. Die Schüssel kannst du dabei langsam drehen. Einen Brotteig mußt du 10 Minuten kneten, Kleingebäck 5 Minuten gut kneten.

13. Zwiebel schneiden

Schneide die Zwiebel oben und unten ein Stückchen ab und entferne die braunen Schalen. Dann legst du sie auf ein Holzbrettchen und halbierst sie. Die Schnittfläche stellst du nun auf das Brett und schneidest die Zwiebel in Querscheiben auf, so dünn, wie du eben kannst, das ist eine Übungssache. Mit der linken Hand hältst du die Zwiebel dabei fest zusammen. Hast du nun lauter Querscheiben, dann schneidest du sie von vorne nach hinten längs auf, so fein, wie du kannst. Mit der linken Hand gehst du immer weiter zurück, damit du dich nicht schneidest. So erhältst du feine Zwiebelwürfelchen.

Zeichenerklärungen

1 EL = 1 Eßlöffel
1 TL = 1 Teelöffel
1 g = 1 Gramm
1 l = 1 Liter
1 MS = 1 Messerspitze

Begriffserklärungen

Agar-Agar ist ein Produkt aus Meeresalgen. Es wird zum Gelieren und Andicken verwendet.

Delifrut ist eine sehr feine Gewürzmischung für süßes Würzen.

Vollkorngrieß und *Demetergrieß* mit Schalenteilen ist dasselbe, die Bezeichnung in den Läden ist oft unterschiedlich.

Frugola ist eine gekörnte, rein vegetarische Brühe mit Hefeextrakt. Unter anderen Namen auch im Naturkostladen erhältlich.

Kaltgeschlagenes Öl ist identisch mit kaltgepreßtem Öl. Es wird durch Pressung aus den Ölfrüchten gewonnen.

Karobe ist getrocknetes, gemahlenes Johannis-
brot. Es kann anstelle von Kakao verwendet werden.

Rohmilch ist unpasteurisierte Milch.

Streumehl ist feingemahlenes Weizenvollkornmehl.

Tartex ist eine pflanzliche Pastete. Sie eignet sich
zu Suppen, Frikadellen oder als Brotaufstrich.
Ähnliches ist unter anderem Namen auch im Naturkostladen erhältlich.

Vitam-Gemüsebrühe ist eine rein pflanzliche Brühe
mit dem Hefeextrakt Vitam-R, Gemüsezusatz und
natürlichen Gewürzen. Sie eignet sich zur Berei-
tung von Suppen, Saucen, Eintopfgerichten, Nudeln, Reis und Gemüse.

Vitam-R ist ein Hefeextrakt mit wertvollem Hefeei-
weiß und Vitaminen, im natürlichen Verband ohne
jeden chemischen Zusatz. Es eignet sich als Brotaufstrich und zum Aufwerten und Würzen von Suppen, Saucen und Eintopfgerichten.

Vollmeersalz ist ein unraffiniertes Salz, das aus
dem Meer gewonnen wird. Es enthält viele wich-
tige Mineralsalze und Spurenelemente.

Vorzugsmilch ist Rohmilch aus besonders über-
wachten Tierbeständen.

Empfehlungen für besondere Gelegenheiten

Geburtstag

Eisbombe
Geburtstagsrolle
Lustige Kindergesichter
Marzipankartoffeln
Mixgetränke
Schlemmermilch
Tiroler Geburtstagskranz
Vollkornspritzgebäck

Ostern

Ostereier färben
Ostergras
Osterkränzchen

Weihnachten

Butterplätzchen
Hänsel und Gretel
Haselnußtaler
Hexenhaus
Gewürzkuchen
Mailänder Domkuchen

Kinderfeste

Bratäpfel
Frucht-Bowle
Gebackene Kastanien
Käsekugeln
Käsespießchen Max und Moritz
Melone mit Vanille-Eis
Melone Schlaraffenland
Nußkipfchen
Obstspießchen Tuttifrutti
Party-Punsch
Popcorn
Rosinenbrötchen
Schlemmer-Igel
Toni und Vroni
Vollkornwaffeln

Das Wichtigste
an jedem Tag:
Das Frischkorngericht

Das Frischkorngericht

(für 2 Personen)

Mahle mit einer Kaffee- oder Getreidemühle den Weizen grob. Jede Getreidemühle kann auf fein oder grob eingestellt werden.

Diesen frischgemahlenen Getreideschrot verrührst du nun mit so viel frischem Wasser, daß ein dicker Brei entsteht. Decke nun ein Geschirrtuch darüber und lasse ihn 1 – 8 Stunden quellen. Je gröber das Getreide geschrotet ist und je kürzer die Einweichzeit, desto gründlicher mußt du den Frischkornbrei kauen. Normalerweise schrotest du abends vor dem Schlafengehen das Getreide, verrührst es mit Wasser und läßt es bis zum Morgen quellen. Zum Frühstück bereitest du dir dann den Frischkornbrei. Das Frischkorngericht kann auch zu jeder anderen Tageszeit bereitet und gegessen werden. Die Einweichdauer kann für diesen Zweck auch kürzer sein.

Nach der Quellzeit gibst du den ausgepreßten Zitronensaft, die Sahne und den Honig dazu, reibst die Äpfel hinein und hebst alles unter den Getreidebrei. Nun verteilst du ihn in 2 Kompottschüsselchen.

Über diesen Brei wird kleingeschnittenes Obst verteilt. Du kannst alles frische Obst verwenden, das die Jahreszeit gerade bietet und was dir schmeckt, z. B. Aprikosen, Bananen, Birnen, Erdbeeren, Kiwi, Orangen, Pfirsiche, Zwetschgen. Die Nüsse zerhackst du grob in einem Nußhacker, streust sie über das Obst und servierst das Frischkorngericht gleich.

Zutaten

4 EL Weizen
Saft von 1/2 Zitrone,
*   unbehandelt*
1/4 Becher Sahne (50 g)
1 TL Honig
1 – 2 Äpfel (ca. 200 g)
200 g Obst der Jahreszeit
1 EL Nüsse

Geräte

Kaffee- oder Getreidemühle
Kleine Schüssel
Eßlöffel
Geschirrtuch
Zitronenpresse
Teelöffel
feine Gemüseraffel
Küchenmesser
Nußhacker
2 Kompottschüsselchen

Andere Zubereitungsarten

Das Frischkorngericht ist die wichtigste Speise für dich, du solltest es jeden Tag essen. Es muß dir so gut schmecken, daß du es gerne ißt; deshalb bereite es jeden Tag schön und liebevoll zu und immer mit frischgemahlenem Getreide. Du kannst es immer wieder anders zubereiten.

– Statt Weizen kannst du Fünfkorn verwenden, das sind fünf verschiedene Getreidesorten, gemischt.

– Statt Honig kannst du zum Süßen auch ungeschwefelte Trockenfrüchte verwenden, z. B. Rosinen, Korinthen, Feigen, Aprikosen, Zwetschgen; diese weichst du zur gleichen Zeit wie das geschrotete Getreide in einer Tasse mit wenig Wasser ein. Größere Trockenfrüchte schneidest du in kleine Stückchen. Das Einweichwasser verwendest du auch mit.

– Du kannst immer wieder ein anderes Obst auf den Getreidebrei schneiden, was dir gerade schmeckt und was die Jahreszeit bietet.

– Du kannst auch bei den Nüssen wechseln und immer wieder andere verwenden: Walnüsse, Haselnüsse, Mandeln, Paranüsse, Cashewnüsse etc.

– Wenn du den Frischkornbrei besonders schön anrichten willst, dann rührst du die Sahne nicht darunter, sondern schlägst sie mit dem Sahneschläger steif und häufst sie auf das fertige Gericht.

– Andere Zubereitungsarten, die auch Abwechslung in den Speiseplan bringen, sind Frischkorngerichte aus Hafer oder gekeimtem Getreide.

Das Frischkorngericht aus gekeimtem Weizen

(für 2 Personen)

Für dieses Gericht wird der Weizen nicht geschrotet, sondern du läßt ihn keimen.

Gib den Weizen abends in eine kleine Schüssel, fülle Wasser hinein, und lasse ihn über Nacht einweichen. Am Morgen gießt du den Weizen in ein Sieb, braust ihn unter der Wasserleitung ab und hängst das Sieb zum Abtropfen in die Schüssel. Am Abend gibst du den Weizen wieder mit Wasser in die Schüssel und gießt ihn am nächsten Morgen wieder in das Sieb. Dies machst du 2 – 3 Tage, bis sich am Weizen kleine Keime zeigen. Wenn sie etwa 3 mm lang sind, kannst du den Weizen verwenden.

Unter die gekeimten Körner rührst du den ausgepreßten Zitronensaft und den Honig. Das Obst schneidest du in kleine Würfel – wie zu einem Obstsalat – und mischst es unter die Körner, ebenso die grobgehackten Nüsse. Verteile dies nun in die 2 Kompottschüsselchen. Schlage die Sahne steif und häufe sie auf das fertige Gericht.

Das Körnergericht mußt du gut kauen. Wenn du Obst- und Nußarten wechselst, schmeckt es immer wieder anders.

Zutaten

4 EL Weizen (keimen lassen)
Saft von 1/2 Zitrone,
  unbehandelt
1 TL Honig
400 g gemischtes Obst der
  Jahreszeit
1 EL Nüsse
1/4 Becher Sahne (50 g)

Geräte

Schüssel
Sieb
Zitronenpresse
Teelöffel
Schneidbrettchen
Küchenmesser
Nußhacker
Sahneschläger
Sahnetopf
Stiel-Teigschaber
2 Kompottschüsselchen

Das Frischkorngericht aus Hafer

(für 2 Personen)

Mahle den Hafer in der Getreidemühle zu frischen Flocken. Du wählst die Mühleneinstellung mittelfein bis grob und gibst den Hafer eßlöffelweise in die Mühle, damit das Mahlwerk nicht verklebt.

Du wäschst das Obst und bereitest es zum Schneiden vor, z. B. entkernst du Kirschen oder Zwetschgen, schälst Orangen oder Bananen, schneidest aus Äpfeln oder Birnen das Kernhaus heraus. Anschließend das Obst in kleine Würfelchen oder Stückchen schneiden und diese in 2 Kompottschälchen verteilen.

Mit dem Nußhacker hackst du auf dem Schneidbrettchen die Nüsse und streust sie über das Obst.

Nun kann sich jeder die frischgemahlenen Haferflocken über das Obst streuen.

Zutaten

4 – 5 EL Hafer (Nackt- oder Sprießkornhafer)
400 g reifes Obst der Jahreszeit
2 EL gehackte Nüsse, z. B. Wal- oder Haselnüsse, Mandeln

Geräte

Getreidemühle
kleine Schüssel
Eßlöffel
Schneidbrettchen
Küchenmesser
Nußhacker
2 Kompottschälchen

Frischkornfrühstück nach Schweizer Art

(für 2 Personen)

Mahle den Hafer in der Getreidemühle zu frischen Flocken. Du wählst die Mühleneinstellung mittelfein bis grob und läßt den Hafer langsam einlaufen. Mit Wasser, Honig und Zitronensaft in einer kleinen Schüssel verrührt, läßt du ihn ca. 30 Minuten quellen.

Die Rohkostreibe legst du gleich über die Schüssel, reibst die geviertelten Äpfel direkt hinein und hebst sie unter den Haferbrei. Die Banane zerdrückst du mit einer Gabel auf einem Teller zu Mus und hebst dieses ebenfalls unter den Brei. Verteile ihn nun in 2 Kompottschälchen. Die Nüsse hackst du mit dem Nußhacker auf einem Schneidbrettchen und streust sie über das Gericht.

Es schmeckt fein und bringt Abwechslung beim Frischkornfrühstück.

Zutaten

4 – 5 EL Hafer (Nackt- oder Sprießkornhafer)
knapp 1/4 l Wasser
1 TL Honig
1 EL Zitronensaft

2 Äpfel (300 g)
1 Banane
2 EL gehackte Nüsse, z.B. Wal- oder Haselnüsse, Mandeln

Geräte

Getreidemühle
kleine Schüssel
Meßbecher
Teelöffel
Eßlöffel
Küchenmesser
Zitronenpresse
Rohkostreibe
Teller
Gabel
Nußhacker
Schneidbrettchen
2 Kompottschälchen

Salat, Salat . . .
vor jedem Essen Salat

Blumenkohlsalat

(für 2 Personen)

Zutaten

1 kleiner Blumenkohl
Kräutersalz

1/2 Bund Schnittlauch oder
 Dill oder Petersilie
2 EL Sonnenblumenöl,
 kaltgepreßt
1 Tomate

Geräte

Küchenmesser
Gurkenhobel
Salatschüssel
Salatbesteck
Schneidbrettchen
Eßlöffel
2 Salatteller

Schneide vom Blumenkohl die grünen Blätter ab, jedoch nicht den Strunk, und wasche ihn gut unter fließendem Wasser.

Mit einem Gurkenhobel hobelst du die Röschen in eine Schüssel. Dabei hältst du den Blumenkohl am Strunk fest. Den letzten harten Teil vom Strunk hobelst du nicht mit, er kommt zum Abfall.

Nun streust du ganz fein etwas Kräutersalz über den Blumenkohl und vermischst alles gut mit dem Salatbesteck. Jetzt muß der Salat 5 – 10 Minuten ziehen.

Du schneidest inzwischen den gewaschenen Schnittlauch ganz fein, gibst ihn über den Blumenkohl, ebenso das Öl und vermengst alles gut.

Den fertigen Salat verteilst du auf 2 kleinen Tellern und verzierst ihn mit Tomatenscheiben.

Bunter Wintersalat

(für 2 Personen)

Chicorée und Radicchio außen waschen, beide der Länge nach halbieren und in dünne Streifen schneiden. Feldsalat sehr gründlich (3- bis 4mal) im Spülbecken waschen und in einem Sieb abtropfen lassen.

Essig, Öl, Salz, Senf und kleingeschnittene Zwiebel mit dem Schneebesen cremig rühren. Banane mit der Gabel in einem Teller zerdrücken, musig schlagen und zur Salatsauce rühren. Den vorbereiteten Salat dazugeben und alles gut mischen.

Zutaten

*1 mittelgroße Chicorée
  (150 g)
1 kleine Staude Radicchio
  (50 g)
1 Handvoll Feldsalat
  (Rapunzel)
2 EL Obstessig
2 EL Olivenöl, kaltgepreßt
2 MS Vollmeersalz
1 TL körniger Senf
1 kleine Zwiebel
1 Banane*

Geräte

*Salatschüssel
Küchenmesser
Schneidbrettchen
Salatsieb
Eßlöffel
Teelöffel
kleiner Schneebesen
Gabel
Teller
Salatbesteck*

Chicoréesalat

(für 2 Personen)

Rühre in einer Salatschüssel Obstessig und Sonnenblumenöl cremig, gib Vollmeersalz und die feingeschnittene Petersilie dazu.

Chicorée und Apfel außen waschen, die Chicorée in 1 cm dicke Scheiben schneiden (auch den leicht bitteren Strunk mitschneiden), den Apfel vierteln, Kernhaus herausschneiden und den Apfel würfeln. Orange und Banane schälen, die Orange fein würfeln und die Banane scheibeln.

Alles in die Salatsauce geben und mischen.

Zutaten

1 EL Obstessig
2 EL Sonnenblumenöl,
   kaltgepreßt
1 MS Vollmeersalz
1/2 Bund Petersilie

150 g Chicorée
1 Apfel
1 Orange
1 Banane

Geräte

Eßlöffel
Salatschüssel
Schneebesen
Holzbrett
Küchenmesser
Salatbesteck

Fenchel-Orange

(für 2 Personen)

Du wäschst den Fenchel, schneidest die Strünke ab und legst das Fenchelgrün beiseite. Auf einem Schneidbrettchen schneidest du ihn senkrecht in 6 Scheiben und legst sie auf einen Teller. Beträufle die Fenchelscheiben mit dem Zitronensaft. Nun schälst du die Orange, schneidest sie quer in 1 cm dicke Scheiben und legst diese auf die Fenchelscheiben.

In einem tiefen Teller zerdrückst du mit der Gabel den Frischkäse und vermischst ihn mit Sauerrahm zu einer sahnigen Creme. Die Walnußkerne schneidest du mit dem Küchenmesser klein, ebenso Dill und Fenchelgrün. Mische alles unter die Frischkäsecreme und verteile sie mit einem Teelöffel in die Mitte der Orangenscheibe.

Zutaten

1 kleine Knolle Fenchel
   (250 g)
1 EL Zitronensaft
1 große Orange oder 2 kleine

60 g Doppelrahm-Frischkäse
2 EL Sauerrahm oder Joghurt
2 EL Walnußkerne
1 EL Dill
1 EL Fenchelgrün

Geräte

Küchenmesser
Schneidbrettchen
Teller
Eßlöffel
tiefer Teller
Gabel
Teelöffel

43

Fenchelsalat mit Grapefruit

(für 2 Personen)

Verrühre in einer Salatschüssel mit einem Schneebesen den Sauerrahm mit Vollmeersalz, Kräutersenf und dem feingehackten Fenchelgrün.

Schneide von der Fenchelknolle die Strünke und
auch etwas vom Boden ab, und wasche sie.
Schneide sie in 4 Teile und schneide jedes Teil in
ganz feine Scheiben.

Schäle die Grapefruit ab, zerschneide sie mit dem
Messer in kleine Rippen, entferne die Kerne und
würfle das Fruchtfleisch.

Gib die Fenchelscheiben und die Grapefruitwürfel
in die Salatsauce und vermische alles.

Zutaten

1/2 Becher Sauerrahm (100 g)
1 MS Vollmeersalz
1 TL Kräutersenf
250 g Fenchelknollen
1 Texas-Grapefruit (rot)

Geräte

Salatschüssel
Schneebesen
Messer
Schneidbrettchen
Salatbesteck
Teelöffel

Gemüse- oder Salatdip

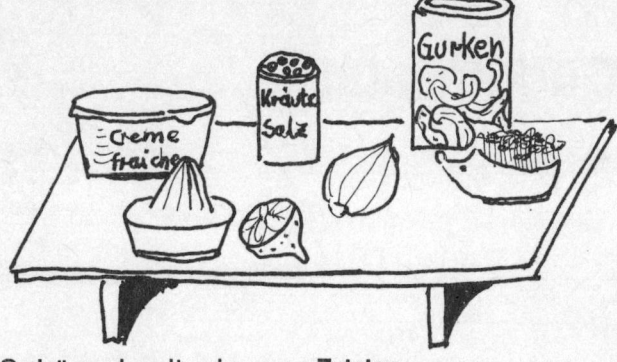

Verrühre in einer kleinen Schüssel mit einem Schneebesen Crème fraîche, Zitronensaft und Salz. Schäle die Zwiebel und reibe sie auf einem feinen Reibeisen dazu. Auf einem Schneidbrettchen würfelst du die Gurke sehr fein und schneidest die Kresse mit einer Schere ab. Rühre beides unter die Creme und fülle sie in ein kleines Schüsselchen.

Dazu richtest du verschiedenes Gemüse her: Wasche und putze es sauber, und schneide z. B. Karotten, Gurken und Paprikaschoten in lange Stifte, Tomaten in Achtel, Chicoréeblätter löst du vom Strunk.

Lege nun alles auf eine Platte, hübsch nach Farben geordnet.

Dieses Gericht darfst du mit den Fingern essen: Du tauchst die Gemüse- oder Salatstücke einfach in den Dip. Vollkornbrot dazu gereicht, ergibt eine vollständige Mahlzeit.

Zutaten

100 g Crème fraîche
1 EL Zitronensaft
1 MS Kräutersalz
1 kleine Zwiebel
1 kleine eingelegte Gurke
1 Portionsschälchen Kresse (2 EL)
verschiedenes rohes Gemüse oder Salat der Jahreszeit

Geräte

Eßlöffel
kleine Schüssel
kleiner Schneebesen
Küchenmesser
Zitronenpresse
Reibeisen
Schneidbrettchen
Schere

Gurkensalat

(für 2 Personen)

Wasche die Gurke gut, denn sie wird mit der Schale gehobelt. Nur wenn die Schale nicht mehr zart und frisch ist, schälst du sie mit dem Kartoffelschäler ab.

Den Dill wäschst du auch und schneidest ihn auf einem Holzteller so fein wie Schnittlauch.

Verrühre in einer Salatschüssel mit dem Schneebesen Sauerrahm, Salz und den feingeschnittenen Dill. Mit dem Gurkenhobel scheibelst du die Gurke gleich in die Salatschüssel und hebst sie mit einem Salatbesteck unter die Sauce.

Zutaten

1 Gurke (400 – 500 g)
1/2 Bund Dill oder Schnittlauch
100 g Sauerrahm (1/2 Becher)
1 MS Kräutersalz

Geräte

Salatschüssel
Schneebesen
Holzteller
Küchenmesser
Kartoffelschäler
Gurkenhobel
Salatbesteck

Grüner Salat in Tomatensauce

(für 2 Personen)

Schneide vom Salat mit einem Messerchen den Strunk ab, so daß sich die Blätter lösen. Wasche die Blätter einzeln unter schwach fließendem Wasser ab, zerreiße sie in kleine Stückchen und lege sie in ein Sieb zum Abtropfen.

Endiviensalat wird nach dem Waschen nicht zerrissen. Wenn die Blätter abgetropft sind, legst du sie auf ein Schneidbrettchen, immer einige übereinander, und schneidest sie in feine Streifen.

Die gewaschenen Tomaten schneidest du in Stücke und gibst sie in den Mixbecher. Dazu gibst du Essig, Öl und Kräutersalz und mixt alles fein mit dem Mixstab oder Mixer.

Gib den Salat in eine Schüssel, gieße die Tomatensauce darüber und mische ihn mit dem Salatbesteck. Den geschnittenen Schnittlauch darüber streuen und anrichten.

Zutaten

1/2 Kopfsalat
(oder Eissalat
oder Endivie)

250 g Tomaten
2 EL Obstessig
2 EL Olivenöl,
kaltgeschlagen
2 MS Kräutersalz
1/2 Bund Schnittlauch

Geräte

Küchenmesser
Salatsieb
Schneidbrettchen
Mixbecher
Eßlöffel
Mixer oder Mixstab
Salatschüssel
Salatbesteck

47

Italienischer Salat

(für 2 Personen)

Das Gemüse wird zuerst gewaschen, dann geputzt; die Salatgurke wird nur geschält, wenn die Schale nicht mehr zart ist.

Die Paprikaschoten werden der Länge nach halbiert. Der Fruchtansatz und die Innenwände mit den Kernen werden herausgeschnitten. Bei den Tomaten den Fruchtansatz herausschneiden und die Zwiebel schälen.

Nun rührst du Obstessig, Olivenöl, Senf und Vollmeersalz mit dem Schneebesen in einer Salatschüssel cremig. Schneide den Schnittlauch auf einem Schneidebrett fein und rühre ihn unter die Salatsauce.

Die Gurke hobelst du gleich in die Salatsauce. Die Paprikaschoten schneidest du in feine Streifen und die Tomaten in Achtel. Die Zwiebel schneidest du in kleine Würfelchen und gibst nun alles in die Salatsauce.

Mit einem Salatbesteck vermischst du alles sorgfältig und läßt den fertigen Salat 10 Minuten durchziehen.

Zutaten

1 kleine Salatgurke (200 g)
1 gelbe Paprikaschote
1 grüne Paprikaschote
3 – 4 Tomaten, je nach Größe
1 Zwiebel
3 EL Obstessig
3 EL Olivenöl, kaltgepreßt
1 TL Senf
2 MS Vollmeersalz
1/2 Bund Schnittlauch

Geräte

Schneidebrett
Küchenmesser
Kartoffelschäler
Gurkenhobel
Salatschüssel
Schneebesen
Salatbesteck
Teelöffel
Eßlöffel

Käsesalat pikant

(für 2 Personen)

In einer Salatschüssel rührst du mit einem Schnee-besen Obstessig, Öl, Vollmeersalz und Senf cre-mig. Die Zwiebel und den Schnittlauch schneidest du fein, die Tomaten und den Käse zerschneidest du in kleine Würfelchen.

Zwiebel, Schnittlauch, Tomaten und Käse gibst du in die Salatsauce und vermischst alles gut.

Dazu gibt es Vollkornbrot oder Vollkornbrötchen mit Butter und Buttermilch.

Zutaten

2 EL Obstessig
2 EL kaltgepreßtes Öl
1 MS Vollmeersalz
1 TL Senf

1 kleine Zwiebel
1/2 Bund Schnittlauch
2 Tomaten (200 g)
125 g Limburger Käse (40 %)
   oder Harzer Handkäse

Geräte

Salatschüssel
Eßlöffel
Teelöffel
Schneebesen
Holzbrettchen
Küchenmesser
Tomatenmesser
Salatbesteck

Karottensalat

(für 2 Personen)

Die Karotten bürstest du sauber unter fließendem Wasser. Wenn die Schale alt und unansehnlich ist, schälst du die Karotten mit dem Kartoffelschäler.

Schneide das obere und untere Ende mit dem Messer ab und reibe die Karotten auf einer Raffel in eine Schüssel. Dann streust du die Sonnenblumenkerne darüber, gibst Öl und 1 Eßlöffel Zitronensaft dazu und vermengst alles gut.

Lege nun die gewaschenen Salatblätter auf die Teller, häufe den Karottensalat darauf und serviere ihn gleich.

Zutaten

2 große Karotten
2 EL Sonnenblumenkerne
1 EL Sonnenblumenöl,
  kaltgepreßt
1/2 Zitrone, unbehandelt
2 Blätter grüner Salat

Geräte

Gemüsebürste
Kartoffelschäler
Küchenmesser
Rohkostraffel, fein
Salatschüssel
Eßlöffel
Zitronenpresse
Salatbesteck
2 Salatteller

Rapunzelsalat

(für 2 Personen)

Die Rapunzel mußt du sehr gründlich waschen: Laß dazu Wasser in ein Spülbecken, gib die Rapunzel dazu, welke Blättchen entfernen, und bewege sie gut hin und her. Dann hebst du sie aus dem Wasser in ein Salatsieb. Dies mußt du 3- bis 4mal mit frischem Wasser wiederholen.

Wasche die Radieschen unter leicht fließendem Wasser und schneide Blätter und Wurzeln ab.

In einer Salatschüssel rührst du mit einem Schneebesen Öl und Essig cremig und rührst weiter Senf, Vollmeersalz und Honig dazu.

Schneide die Radieschen in feinen Scheiben in die Salatsauce, gib die gut abgetropften Rapunzel dazu und vermische beides mit einem Salatbesteck.

Verteile den Salat in 2 Glasschüsselchen.

Zutaten

100 g Rapunzel (Feldsalat)
1 Bund Radieschen

3 EL Olivenöl, kaltgepreßt
2 EL Obstessig
1 TL Senf
1 MS Vollmeersalz
1/2 TL Honig

Geräte

Salatsieb
Küchenmesser
Salatschüssel
Eßlöffel
kleiner Schneebesen
Teelöffel
Salatbesteck
2 Glasschüsselchen

51

Rettichsalat

(für 2 Personen)

Wasche und bürste den Rettich gut. Wenn er frisch und zart ist, brauchst du ihn nicht abzuschälen. Sonst schälst du ihn mit dem Kartoffelschäler ab. Das obere dicke Ende schneidest du ab. Stelle den Gurkenhobel in die Salatschüssel und hobele ihn. Am unteren Ende schneidest du nichts ab, weil du daran den Rettich gut halten kannst.

Dann gibst du das Öl und Salz darüber und vermischst ihn gut. Durch das Öl verschwindet die Schärfe des Rettichs.

Schneide Schnittlauch oder Kresse fein und streue sie darüber.

Dieser Salat paßt besonders gut zu Vollkornbrot, Butter und Käse.

Zutaten

1 großer Rettich
2 EL kaltgeschlagenes Öl
2 MS Kräutersalz
1 Bund Schnittlauch
  oder Kresse

Geräte

Gemüsebürste
Küchenmesser
Kartoffelschäler
Salatschüssel
Gurkenhobel
Salatbesteck
Schneidbrettchen
Eßlöffel

Sauerkrautsalat

(für 2 Personen)

Schneide auf einem Brettchen das Sauerkraut klein.

Würfle die Gurke und den Apfel und schneide die Zwiebel fein.

Gib alles in eine Salatschüssel, gib Sonnenblumenöl und Kümmel dazu und vermische alles gut.

Lasse den Salat 15 Minuten durchziehen.

Zutaten

250 g Sauerkraut, roh, unpasteurisiert
1 saure Gurke
1 rotbackiger Apfel
1 kleine Zwiebel
3 EL Sonnenblumenöl, kaltgepreßt
1/2 TL Kümmel

Geräte

Holzbrettchen
Küchenmesser
Salatschüssel
Eßlöffel
Salatbesteck
Teelöffel

Sauerkrautsalat mit Karotten

(für 2 Personen)

Auf einem Holzteller schneidest du das Sauerkraut einige Male durch, damit es nicht so lange Fasern sind, und gibst es in eine Salatschüssel.

Aus dem Apfel schneidest du das Kernhaus heraus und würfelst ihn klein. Die Karotte bürstest du sauber und raspelst sie mit einer Rohkostraffel zum Sauerkraut. Den gewaschenen Schnittlauch schneidest du fein und gibst ihn zum Salat, ebenso Olivenöl und Kümmel.

Mit einem Salatbesteck mischst du den Salat gut.

Zutaten

250 g rohes Sauerkraut,
unpasteurisiert
1 Apfel, mittelgroß
1 Karotte, mittelgroß
1/2 Bund Schnittlauch
2 EL Olivenöl, kaltgepreßt
1 TL Kümmel

Geräte

Holzteller
Küchenmesser
Salatschüssel
Bürste
Rohkostraffel
Eßlöffel
Teelöffel
Salatbesteck

Selleriesalat

(für 2 Personen)

Verrühre mit einem Schneebesen den Sauerrahm mit Zitronensaft, Vollmeersalz, Salatkräutern und dem feingeschnittenen Schnittlauch.

Mit einem Küchenmesser schälst du den Sellerie, wiegst ihn dann ab und reibst ihn mit einer Raffel in die Salatsauce. Den Apfel viertelst du, schneidest das Kernhaus weg und würfelst ihn. Die Orange schälen und ebenso würfeln und mit dem Apfel und Sellerie gut in die Salatsauce mischen.

In Glasschälchen verteilen und mit Walnußkernen bestreuen.

Zutaten

$1/2$ Becher Sauerrahm (100 g)
Saft von $1/2$ Zitrone, unbehandelt
1 MS Vollmeersalz
1 TL getrocknete Salatkräuter
$1/2$ Bund Schnittlauch oder Dill

150 g Sellerie
1 Apfel
1 Orange
2 EL Walnußkerne

Geräte

Salatschüssel
Schneebesen
Küchenmesser
Zitronenpresse
Rohkostraffel
Schneidbrettchen
Eßlöffel
Teelöffel

55

Tomate gefüllt

(für 2 Personen)

Wasche die Tomaten und schneide die obere Kappe weg. Mit einem Teelöffel holst du vorsichtig das Innere der Tomate heraus, so, daß du möglichst kein Loch in den Tomatenboden bohrst.

Das Tomateninnere schneidest du klein und gibst es in eine Schüssel. Dazu gibst du Essig, Öl, Kräutersalz, schneidest Zwiebel und Schnittlauch fein und würfelst den Emmentaler. Vermische alles und fülle es in die ausgehöhlten Tomaten. Lege wieder die Kappen auf die Tomaten und stelle sie auf einen Teller, der mit Salatblättern belegt ist.

Die gefüllten Tomaten schmecken zu Vollkornbrot mit Butter, zu Pellkartoffeln (siehe S. 103) oder Backkartoffeln (siehe S. 78) gut.

Zutaten

4 Tomaten, ca. 400 g
1 TL Obstessig
1 TL kaltgeschlagenes Öl
1 MS Kräutersalz
1 kleine Zwiebel
1/2 Bund Schnittlauch
100 g Emmentaler im ganzen
4 Blätter grüner Salat

Geräte

Schneidbrettchen
Tomatenmesser
Teelöffel
Schüssel
Küchenmesser
Eßlöffel
2 Salatteller

Tomatenkörbchen

Wasche die Tomaten und die Petersilie. Stelle die Tomaten so hin, daß der Fruchtansatz unten ist. Schneide die Tomaten mit einem gezackten Messer rechts und links der Mitte ein, so daß ca. 1 cm stehenbleibt als Henkel. Du schneidest also von oben bis zur Tomatenmitte und dann von rechts und links bis zu dem Schnitt von oben.

Nimm die 2 Tomatenachtel weg und du hast ein Körbchen. Streue etwas Kräutersalz darauf. Den Petersilienstiel kürzt du bis auf 2 cm und steckst die kleinen Sträußchen in das Körbchen, rechts und links vom Henkel.

Das Tomatenkörbchen kannst du auf jede Salatplatte oder Käseplatte stellen, wenn du sie besonders schön anrichten willst.

Zutaten
2 Tomaten
Kräuselpetersilie
Kräutersalz

Geräte
Tomatenmesser
Schneidbrettchen

Tomatensalat

(für 2 Personen)

Rühre in einer Salatschüssel das Öl und den Essig mit einem Schneebesen cremig.

Schneide die Zwiebel sehr klein, den Schnittlauch sehr fein, gib beides mit dem Vollmeersalz in die Salatsauce und verrühre es darin.

Wasche nun die Tomaten und schneide sie mit einem gezackten Messer in dünne Scheiben. Den Fruchtansatz schneidest du heraus.

Gib die Tomaten in die Salatsauce und mische sie behutsam darunter. Lasse den Salat 10 Minuten ziehen und richte ihn dann in kleinen Salatschüsseln an.

Zutaten

2 EL Olivenöl, kaltgepreßt
2 EL Obstessig
1 kleine Zwiebel
1/2 Bund Schnittlauch
1 MS Vollmeersalz
400 g kleine Tomaten

Geräte

Salatschüssel
Schneebesen
Eßlöffel
Schneidbrettchen
Küchenmesser
Tomatenmesser
Salatbesteck

Türkischer Bohnensalat

(für 2 Personen)

Weiche die Bohnen 8 – 12 Stunden oder über Nacht in Wasser ein und koche sie am nächsten Tag im Einweichwasser ohne Salz. Wenn sie kochen, stellst du die Hitze kleiner und läßt sie eine 3/4 Stunde leicht weiterkochen. Das Kochwasser ist danach fast aufgebraucht. Versuche eine Bohne, ob sie weich ist. Stelle dann den Topf beiseite zum Auskühlen.

In einer Salatschüssel rührst du mit einem Schneebesen Öl und Essig cremig, anschließend rührst du Kräutersalz und Pfeffer dazu. Die Zwiebel schälst du und schneidest sie in feine Würfelchen. Das frische Bohnenkraut, Paprika und den Schnittlauch waschen. Das Bohnenkraut schneidest du fein, harte Stiele nicht verwenden. Die Paprikaschote schneidest du der Länge nach durch, entfernst den Stiel und die inneren Rippen mit Kernen. Schneide sie zuerst in ganz schmale Streifen und dann in Würfelchen. Den Schnittlauch ebenso fein schneiden.

Gib nun alles, Zwiebel, Bohnenkraut, Paprika, Schnittlauch und die abgekühlten Bohnen, zur Salatsauce und vermische alles gut. Lasse den Salat 1 Stunde durchziehen.

Er paßt als Beilage zu Frikadellen, Reis, Bratkartoffeln oder zu Vollkornbrot mit Butter.

Zutaten

125 g kleine weiße Bohnen
1/2 l Wasser

3 EL Olivenöl, kaltgepreßt
2 EL Obstessig
2 MS Kräutersalz
1 Prise Pfeffer
1 kleine Zwiebel
1 TL Bohnenkraut, frisch oder getrocknet
1 rote Paprikaschote
1/2 Bund Schnittlauch

Geräte

kleiner Kochtopf
Meßbecher
Salatschüssel
Eßlöffel
kleiner Schneebesen
Küchenmesser
Schneidbrettchen
Salatbesteck
Teelöffel

Weiß-grüner Salat mit Mandelsauce

Halbiere den Salatkopf vom Strunk her und wasche ihn 2- bis 3mal in Wasser. Lege ihn auf ein Schneidbrettchen, schneide zuerst den Strunk ab und schneide dann den Salat in feine Streifen. Das übrige Gemüse wird ebenfalls sauber gewaschen. Die Gurke verwendest du mit der Schale, viertelst sie der Länge nach und schneidest sie danach in 1/2 cm breite Stücke. Der Rettich wird mit der Schale grob geraspelt. Die Paprikaschote halbierst du, entfernst Stiel und Kerne und schneidest sie in feine Streifen. Das so vorbereitete Gemüse gibst du in eine Salatschüssel und mischst es gut durch.

Für die Sauce verrührst du die Dickmilch mit Öl, Zitronensaft, feingeriebenen Mandeln, Salz, Honig und feingeschnittener Petersilie. Fülle sie in eine Sauciere und reiche sie zum Salat.

Zutaten

1/4 – 1/2 Kopf Endivie, je nach Größe
200 g Gurken
200 g weißer Rettich
200 g grüne Paprikaschoten
200 g Dickmilch, möglichst aus Rohmilch hergestellt
2 EL Olivenöl, kaltgepreßt
Saft von 1/2 Zitrone, unbehandelt
2 EL Mandeln
2 MS Kräutersalz
1/2 TL Honig
2 EL Petersilie

Geräte

Küchenmesser
Schneidbrettchen
Salatschüssel
grobe Rohkostreibe
Salatbesteck
kleine Schüssel
Schneebesen
Eßlöffel
Zitronenpresse
Nußreibe
Teelöffel
Sauciere

Weißkrautsalat

(für 2 Personen)

In einer Salatschüssel verrührst du Joghurt, Obstessig, Olivenöl, Vollmeersalz, Kräutersenf und die feingehackte Petersilie mit einem Schneebesen.

Vom Weißkraut schneidest du die äußeren Blätter ab, halbierst es und hobelst es bis zum Strunk mit einem Gurkenhobel (oder mit der Rohkostmaschine/Schneidetrommel) in die Salatschüssel.

Die Äpfel viertelst du, schneidest das Kernhaus heraus und würfelst sie, ebenso die abgeschälten Orangen.

Nun gibst du alles zur Salatsauce und vermischst es gut.

Zutaten

1 Joghurt (natur)
2 EL Obstessig
4 EL Olivenöl, kaltgepreßt
1/2 TL Vollmeersalz
1 TL Kräutersenf
1/2 Bund Petersilie

200 g Weißkraut
200 g Äpfel
200 g Orangen

Geräte

Salatschüssel
Schneebesen
Eßlöffel
Teelöffel
Holzbrett
Küchenmesser
Gurkenhobel oder Rohkostmaschine
Salatbesteck

Wirsingsalat mit Birnen

(für 2 Personen)

In einer Salatschüssel rührst du Obstessig und Olivenöl mit einem Schneebesen cremig, gibst die feingeschnittene Zwiebel, Senf, Vollmeersalz und die Salatkräuter dazu.

Vom Wirsing verwendest du zum Salat nur die hellen, inneren Teile. Diese schneidest du ganz fein, ebenso die Birnen. Wenn du eine Rohkostmaschine hast, kannst du beides durch die grobe Trommel oder große Lochscheibe lassen. Gib es nun in die Salatsauce und vermische es gut.

Verteile den Salat auf Salattellern und verziere ihn mit fein aufgeschnittenen Apfelschnitzen, die du im Kreis auf den Salat legst.

Zutaten

2 EL Obstessig
4 EL Olivenöl, kaltgepreßt
1 kleine Zwiebel
1 TL Senf
1 MS Vollmeersalz
1TL frische oder getrocknete Salatkräuter

200 g Wirsing
200 g Birnen
1 Apfel

Geräte

Salatschüssel
Schneebesen
Holzbrett
Küchenmesser
Salatbesteck
Salatteller
Rohkostmaschine mit grober Trommel
Eßlöffel
Teelöffel

Suppen schmecken im Sommer und im Winter

Mit der Sauce rutscht es besser

Gelbe Erbsensuppe

(für 2 Personen)

Weiche die Erbsen 8 – 12 Stunden oder über Nacht in Wasser ein. Am nächsten Tag stellst du sie im Einweichwasser ohne Salz zum Kochen auf. Wenn sie kochen, stelle die Hitze klein und lasse sie 1 Stunde leicht kochen. Sie laufen gerne über, laß deshalb den Deckel einen Spalt offen.

Mixe nun die Erbsen mit einem Mixstab fein oder passiere (Drücken und Rühren mit einem Holzstampfer) sie durch ein Sieb.

Gib nun Frugola, Vitam-Gemüsebrühe, Majoran und Sojasauce dazu und verrühre alles gut. Gieße sie nun in eine Suppenschüssel, laß ein Stückchen Butter darin zerlaufen und serviere sie.

Dazu paßt sehr gut ein selbstgebackenes Fladenbrot.

Zutaten

200 g halbe gelbe Erbsen
³/₄ l Wasser

1 gehäufter TL Frugola
1 gehäufter TL Vitam-
   Gemüsebrühe
1 gehäufter TL Majoran,
   getrocknet
1 TL Sojasauce
1 Scheibe Butter

Geräte

Meßbecher
kleiner, hoher Kochtopf
Mixstab oder
   Sieb und Holzstampfer
Teelöffel
Kochlöffel
Küchenmesser
Suppenschüssel

Grießnockerlsuppe

(für 2 Personen)

Zuerst machst du den Nockerl-Teig.
Das geht so:

Rühre mit einem kleinen Schneebesen die Butter glatt, rühre Ei, Vollmeersalz und den Grieß darunter.

Stelle nun das Wasser auf den Herd, gib die Gemüsebrühe und Frugola dazu. Wenn die Brühe kocht, tauchst du einen Teelöffel hinein und stichst damit von dem Grießteig ein Nockerl nach dem andern ab und tauchst ihn immer wieder in die Brühe. Das Nockerl geht, wenn der Löffel vorher in die Brühe getaucht wurde, von selbst herunter.

Die Suppe muß nun 10 Minuten leicht kochen. Dann nimmst du sie von der Kochstelle, bestreust sie mit feingehackter Petersilie und teilst sie aus.

Zutaten

40 g Butter
1 Ei
1/2 TL Vollmeersalz
75 g Vollkorngrieß
3/4 l Wasser
1 gehäufter TL Vitam-
   Gemüsebrühe
1 gehäufter TL Frugola
1/2 Bund Petersilie

Geräte

Rührschüssel
Schneebesen
Teelöffel
Meßbecher
kleiner Kochtopf
Schneidbrett
Küchenmesser
Wiegemesser

Grießsuppe

(für 2 Personen)

Stelle das Wasser auf den Herd und gib die Vitam-Gemüsebrühe dazu. Wenn es kocht, rührst du mit einem Schneebesen ständig um und läßt mit der anderen Hand den Grieß, den du in eine Tasse getan hast, hineinlaufen. Bei kleiner Hitze läßt du die Suppe 3 Minuten kochen. Dann stellst du sie mit Topflappen beiseite und läßt sie 3 Minuten quellen.

Das Ei gibst du in eine Tasse und schlägst es mit der Gabel gut durch. Auf einem Holzbrettchen schneidest du den gewaschenen Schnittlauch fein. Unter Rühren gießt du nun das Ei zur Suppe, gibst den Schnittlauch dazu und servierst sie gleich.

Zutaten

1/2 l Wasser
2 TL Vitam-Gemüsebrühe
2 gehäufte EL Vollkorngrieß

1 kleines Ei
1/2 Bund Schnittlauch

Geräte

Meßbecher
kleiner Kochtopf
Tasse
Eßlöffel
Teelöffel
Schneebesen
Gabel
Holzbrettchen
Küchenmesser

Grünkernsuppe mit Goldwürfeln

(für 2 Personen)

Zuerst bereitest du die Goldwürfel zu: Schneide auf einem Brettchen die Brötchen in dünne Scheiben auf, $1/2$ cm, dann würfelst du diese. In einem Suppenteller schlägst du das Ei mit Milch und Salz gut mit einer Gabel durch. In diese Eiersauce gibst du die Brotwürfel und wendest sie darin um, daß das Ei in die Würfel zieht. In einer Pfanne machst du Butter heiß, gibst die Würfel dazu und wendest sie ständig mit 2 Gabeln um. Beim Gasherd auf kleine Flamme zurückdrehen, beim Elektroherd die Platte ausmachen. Wenn sie rundum schön gebacken sind, stellst du sie beiseite.

Nun zur Suppe: Mahle den Grünkern mit der Getreidemühle mehlfein. In einen kleinen Topf gibst du das Wasser, verrührst mit einem Schneebesen darin den gemahlenen Grünkern und stellst ihn zum Kochen auf den Herd. Rühre dabei öfters um und lasse die Suppe 1 Minute kochen. Nimm sie mit Topflappen vorsichtig weg und rühre Frugola, Salz und Sojasauce dazu. Schneide auch den gewaschenen Schnittlauch fein.

Gib nun die Suppe in 2 Teller, verteile die Goldwürfel und den Schnittlauch darauf und lade zum Essen ein.

Zutaten

1 – $1^{1/2}$ Vollkornbrötchen,
  1 – 2 Tage alt
1 kleines Ei
1 EL Milch
1 MS Vollmeersalz
10 g Butter

50 g Grünkern
gut $1/2$ l Wasser

1 TL Frugola
$1/2$ TL Vollmeersalz
1 EL Sojasauce
$1/2$ Bund Schnittlauch

Geräte

Schneidbrettchen
Küchenmesser
Suppenteller
2 Gabeln
Pfanne
kleiner Suppentopf
Meßbecher
Getreidemühle
Schneebesen
Kochlöffel
Teelöffel
Eßlöffel
Suppenschöpfer
2 Suppenteller

Kalte Gurkensuppe

(für 2 Personen)

Verrühre in einer Schüssel mit einem Schneebesen die Dickmilch mit Öl und Vollmeersalz. Wasche den Dill und schäle die Knoblauchzehe, schneide beides ganz fein und rühre es anschließend in die Dickmilch.

Die Salatgurke bürstest du gründlich unter leicht fließendem Wasser ab und reibst sie, mit der Schale, auf einer Rohkostraffel in die Dickmilch. Verrühre sie mit einem Löffel und verteile nun die fertige Suppe in 2 Teller, zerbröckele die Walnußkerne und streue sie über die Suppe.

Dazu schmeckt Vollkornbrot mit Butter sehr gut. In der heißen Jahreszeit ist dies ein Mittag- oder Abendessen.

Zutaten

1/2 l Dickmilch, möglichst aus Rohmilch hergestellt
1 EL Olivenöl, kaltgepreßt
1/2 TL Vollmeersalz
1/2 Bund Dill
1 Knoblauchzehe
1 kleine Salatgurke (ca. 300 g)
2 EL Walnußkerne

Geräte

Schüssel
Meßbecher
Schneebesen
Eßlöffel
Teelöffel
Schneidbrettchen
Küchenmesser
Gemüsebürste
Rohkostraffel
2 Suppenteller
Schöpflöffel

Kalte Tomatensuppe
für heiße Tage

(für 2 Personen)

Wasche die Tomaten und die Paprika und schneide sie in grobe Stücke. Bei den Tomaten den Stielansatz und bei der Paprikaschote das Innere herausschneiden.

Die Zwiebel schälen und auch grob schneiden. Mixe in einem Mixbecher oder mit einem Mixstab in einem schmalen, hohen Becher nun Tomaten, Paprika, Zwiebel, Vollmeersalz und Sauerrahm fein. In breite Gläser füllen, mit gehackter Petersilie bestreuen und mit einem Teelöffel servieren.

Die kalte Tomatensuppe ist eine feine Vorspeise, mittags, abends oder als Zwischenmahlzeit.

Zutaten

250 g Tomaten
1 kleine grüne Paprikaschote
1 kleine Zwiebel, ca. 1 TL
2 MS Vollmeersalz
1 EL Sauerrahm
1 TL feingehackte Petersilie

Geräte

Schneidbrettchen
Küchenmesser
Tomatenmesser
Mixbecher
Mixgerät
Eßlöffel
Teelöffel
2 breite Gläser

Nudelsuppe

(für 2 Personen)

Gib die Gemüsebrühe in das Wasser, stelle es auf den Herd und schütte, wenn es kocht, die Nudeln hinein. Rühre mit dem Kochlöffel um und lasse die Suppe 5 Minuten bei kleiner Hitze kochen und 5 Minuten quellen.

Mit einem Schöpfer verteilst du die Suppe in Teller, gibst ein kleines Eckchen Butter und feingeschnittenen Schnittlauch dazu.

Besonders gut schmeckt die Nudelsuppe, wenn du 1 Tasse geputztes, feingeschnittenes Gemüse (z. B. Erbsen, Bohnen, Karotten, Blumenkohl) dazugibst. Koche dies 5 Minuten und gib dann wie beschrieben die Nudeln dazu.

Zutaten

2 TL Vitam-Gemüsebrühe
$1/2$ l Wasser
50 g Vollkornsuppennudeln
   (feine Schnittnudeln)
2 kleine Eckchen Butter
$1/2$ Bund Schnittlauch

Geräte

Meßbecher
kleiner Topf
Teelöffel
Kochlöffel
Küchenmesser
Suppenschöpfer

Seeräubersuppe

(für 2 Personen)

Verrühre in einem kleinen Kochtopf Wasser mit Salz, Vitam-Gemüsebrühe, Frugola und Majoran. Wasche und bürste Gemüse und Kartoffeln sauber und reibe sie mit der Schale auf der Rohkostraffel in das Wasser. Den Lauch schneidest du so klein wie Zwiebeln für den Salat und gibst ihn auch hinein.

Nun stellst du alles im Topf auf den Herd bei großer Hitze, drehst, wenn es kocht, die Temperatur zurück und läßt es 15 – 20 Minuten leicht kochen. Ab und zu rührst du um.

Das Vollkornbrot schneidest du in kleine Würfel und röstest diese in Butter in einer Pfanne leicht an. Herdeinstellung 2, wenn 3 die höchste ist. Mit 2 Gabeln wendest du die Brotwürfel ständig (ca. 5 Minuten), damit sie allseitig knusprig sind.

In die fertige Suppe gibst du die Brotwürfel, und dann beginnt das Schmausen.

Zutaten

$1/2$ l Wasser
$1/2$ TL Vollmeersalz
$1/2$ TL Vitam-Gemüsebrühe
1 TL Frugola
$1/2$ TL Majoran
1 kleiner Bund Suppengrün
   (75 g), Karotten, Lauch,
   Sellerie
2 mittelgroße Kartoffeln
   (125 g)
2 Scheiben Vollkornbrot
1 Scheibe Butter

Geräte

kleiner Kochtopf
Meßbecher
Teelöffel
Küchenmesser
Rohkostreibe
Schneidbrettchen
Kochlöffel
Pfanne
2 Gabeln

Tomatensuppe

(für 2 Personen)

Schneide die Tomaten in kleine Stücke, den Fruchtansatz schneidest du weg.

Die Tomaten und das Wasser mit dem Salz gibst du in einen Topf und kochst sie 15 Minuten weich. Über einen weiteren Topf hängst du ein feines Sieb und gießt mit einem Schöpfer einen Teil der gekochten Tomaten mit der Brühe hinein. Mit einem Holzstampfer rührst du im Sieb so lange, bis nur noch die Häute und Kerne der Tomaten darin sind. Mit einem Eßlöffel nimmst du diese heraus. So verfährst du weiter, bis die ganze Suppe durchpassiert ist. Streiche nun mit dem Löffel unten das Sieb gut ab, damit alles Tomatenmark in der Suppe ist.

Jetzt stellst du die Suppe wieder auf die Platte, gibst die Buchstabennudeln hinein und kochst diese nochmals 5 Minuten. Dabei rührst du öfters um, damit nichts anliegt.

Zum Schluß rührst du den Zitronensaft und den Sauerrahm unter die Suppe.

Zutaten

600 g reife Tomaten
3/8 l Wasser
1 TL Vollmeersalz

*4 EL Vollkorn-
  Buchstabennudeln*
1 TL Zitronensaft
1 EL Sauerrahm

Geräte

Meßbecher
mittelgroßer Kochtopf
Küchenmesser
Teelöffel
hoher, schmaler Kochtopf
Sieb
Suppenschöpfer
Holzstampfer
Eßlöffel
Kochlöffel
Zitronenpresse

Kräutersauce

(für 2 Personen)

Rühre das frischgemahlene Weizenvollkornmehl mit einem Schneebesen in das Wasser, stelle es auf den Herd und bringe es unter ständigem Rühren zum Kochen. Wenn es 1 Minute gekocht hat, dann stelle es zugedeckt beiseite.

Wasche nun die Kräuter gründlich, lasse sie gut abtropfen und schneide sie zunächst ganz fein. Anschließend wiegst du sie mit dem Wiegemesser einige Male gut durch.

Gib nun Kräutersalz, Frugola und den Frischkäse in die Sauce und verrühre alles gut mit dem Schneebesen. Rühre zuletzt die Kräuter dazu.

Die Sauce paßt sehr gut zu Backkartoffeln (siehe S. 78), Petersilienkartoffeln (siehe S. 104) oder Quarkpufferchen (siehe S. 106).

Zutaten

*25 g Weizenvollkornmehl
  (2 EL)*
gut 1/4 l Wasser

*1/2 Tasse verschiedene frische
  oder tiefgekühlte Kräuter,
  z. B. Schnittlauch,
  Petersilie, Kerbel, Dill,
  Borretsch, Estragon*
2 MS Kräutersalz
1/2 TL Frugola
*1 Doppelrahm-Frischkäse
  (ca. 60 g)*

Geräte

kleiner Kochtopf
Meßbecher
Schneebesen
Getreidemühle
Salatsieb
Schneidbrettchen
Küchenmesser
Wiegemesser
Teelöffel
Tasse

Pilzsauce

(für 2 Personen)

Wasche die frischen Pilze einzeln unter leicht fließendem Wasser und schneide sie in kleine Scheiben. Schäle die Zwiebel und würfele sie klein. In
einem kleinen Kochtopf läßt du auf dem Herd (Einstellung 2, wenn 3 die höchste ist) die Butter zerlaufen, gibst Zwiebel und Pilze dazu und läßt sie
ca. 10 Minuten dünsten, d.h. Deckel auf den Topf
und nur ab und zu umrühren.

Dann gießt du Wasser dazu und rührst Frugola und
Vitam-Gemüsebrühe darunter. Schneide von einer
gewaschenen Zitrone ein Stück der Schale ab und
gib sie zur Sauce. Nun läßt du sie ca. 15 Minuten
leise kochen. Nimm danach die Zitronenschale
aus der Sauce.

Das frischgemahlene Weizenvollkornmehl verrührst du mit wenig Wasser, rührst es in die Sauce
und läßt sie noch 1 Minute kochen.

Nimm sie von der Kochstelle und rühre Sauerrahm und Zitronensaft unter. Vor dem Servieren
läßt du eine Scheibe Butter darin zerlaufen und
bestreust mit feingehackter Petersilie.

Die Pilzsauce paßt gut zu Semmelklößen (siehe
S. 110), zu Pellkartoffeln oder Naturreis.

Zutaten

125 g frische Champignons
  oder andere Pilze
1 kleine Zwiebel
1 Scheibe Butter

1/4 l Wasser
1 TL Frugola
1/2 TL Vitam-Gemüsebrühe
Zitronenschale, unbehandelt

25 g Weizenvollkornmehl
  (2 EL)
8 EL Wasser
1 EL Sauerrahm
Saft von 1/2 Zitrone
1 Scheibe Butter
1/2 Bund Petersilie

Geräte

Küchenmesser
Schneidbrettchen
kleiner Kochtopf
Kochlöffel
Meßbecher
Teelöffel
Getreidemühle
kleine Schüssel
Zitronenpresse
Wiegemesser
Eßlöffel

Tomatensauce

(für 2 Personen)

Rühre mit einem Schneebesen das frischgemahlene Weizenvollkornmehl und das Frugola in das Wasser. Stelle es auf den Herd und bringe es unter Rühren zum Kochen. Lasse es 1 Minute kochen und stelle es beiseite.

Zerschneide die gewaschenen Tomaten in kleine Stücke, gib sie in einen Mixbecher (den Fruchtansatz wegschneiden) und mixe sie fein. Rühre sie mit dem Tomatenmark in die Mehlsauce und stelle sie bis zum Servieren warm.

Du kannst die Sauce zu Nudeln oder Reis reichen.

Im Winter, wenn die frischen Tomaten knapp sind, nimmst du 4 EL Tomatenmark und eine frische gemixte Tomate.

Zutaten

3 EL Weizenvollkornmehl
1 TL Frugola
1/4 l Wasser
250 g Tomaten
1 EL Tomatenmark

Geräte

Getreidemühle
Meßbecher
kleiner Kochtopf
Eßlöffel
Schneebesen
Teelöffel
Mixbecher
Schneidbrettchen
Küchenmesser
Mixstab oder Mixer

Vanillesauce

(für 2 Personen)

Rühre mit einem Schneebesen das frischgemahlene Weizenvollkornmehl in das Wasser.

Stelle es auf den Herd und bringe es unter ständigem Rühren zum Kochen. Lasse es 1 Minute kochen, dann stelle es in kaltes Wasser und rühre weiter.

Wenn die Sauce lauwarm ist, rührst du Sahne, Eidotter, Honig, Vanille und Salz darunter.

Die Vanillesauce paßt gut zum Schlummerapfel (siehe S. 128), zu polnischen Quarkknödeln (siehe S. 125), gebackenen Grießschnitten (siehe S. 121) und zu Hefepfannkuchen (siehe S. 122).

Zutaten

40 g Weizenvollkornmehl
1/4 l Wasser

100 g Sahne (1/2 Becher)
1 Eidotter
1 – 2 EL Honig
2 MS Vanille
1 MS Vollmeersalz

Geräte

Meßbecher
kleiner Kochtopf
Getreidemühle
Schneebesen
Eßlöffel
Tasse für Eiklar
Küchenmesser

Hauptgerichte zum Sattessen

Backkartoffeln

– in der Schale gebacken –

Zuerst mußt du die Kartoffeln gut bürsten. Die Schale muß sauber sein, denn sie wird später mitgegessen.

Nun fettest du ein Backblech dünn mit Butter ein. Die Kartoffeln schneidest du in der Mitte durch und drückst sie mit den Schnittflächen auf ein Tellerchen mit Kümmel oder Sesam. Mit der Schnittfläche nach unten legst du die Kartoffeln aufs Blech.

Liegen alle Kartoffeln auf dem Blech, schneide mit dem Messer ein kleines Kreuz hinein, damit sie beim Backen nicht platzen.

Nun schiebst du das Blech in den auf 200 Grad vorgeheizten Ofen auf die mittlere Schiene und läßt die Kartoffeln, je nach Größe, 1/2 – 1 Stunde lang backen. Vorsichtshalber stichst du mit der Gabel rein und probierst, ob sie weich sind. Dann nimmst du das Blech vorsichtig mit Topflappen heraus und stellst es auf ein Gitter. Die Kartoffeln legst du mit der Backschaufel auf eine Platte. Sie können gleich gegessen werden.

Dazu gibt es Butter und frischen Salat.

Zutaten

für jede Person
2 – 3 Kartoffeln
Butter zum Einfetten
2 EL Kümmel oder Sesam

Geräte

Bürste
Backblech
Backpinsel
Küchenmesser
kleiner Teller
Eßlöffel
Gabel
Backschaufel
Platte

78

Blaukrautgemüse

(für 2 Personen)

Verrühre in einem Topf Wasser, Frugola, Salz und Vitam-Gemüsebrühe. Vom Blaukraut nimmst du die äußeren Blätter ab, wäschst es und schneidest es mit einem großen Messer auf dem Schneidbrettchen in 4 Teile. Aus jedem Teil schneidest du den Strunk heraus. Nun läßt du es durch die Rohkostmaschine mit der eingesetzten Schneidetrommel, oder du schneidest es mit einem Küchenmesser ganz fein auf und gibst es in den Topf.

Bei mittlerer Hitze kochst du es an, drehst dann die Hitze zurück, so daß das Kraut leicht kocht. Rühre es öfters um, damit es nicht anliegt.

Den Hafer mahlst du in der Getreidemühle, Einstellung mittelfein bis grob, verrührst ihn in der Tasse Wasser und läßt ihn quellen.

Nach ca. 30 Minuten wird das Kraut weich sein, prüfe es. Nun gibst du den eingeweichten Hafer, die Tartex und den Essig dazu, verrührst alles und läßt es so lange stehen, bis es wieder leicht kocht. Dann nimmst du den Topf von der Kochstelle.

Dazu schmecken am besten Pommes frites (siehe S. 105) oder Petersilienkartoffeln (siehe S. 104).

Zutaten

2 Tassen Wasser
1 TL Frugola
1/2 TL Vollmeersalz
1/2 TL Vitam-Gemüsebrühe
500 g Blaukraut (Rotkraut)

2 EL Hafer
1 Tasse Wasser
1/2 Dose Kräuter-Tartex (60 g)
2 EL Obstessig

Geräte

mittelgroßer Kochtopf
Tasse
Teelöffel
Kochlöffel
Küchenmesser
Schneidbrettchen
großes Messer
Rohkostmaschine mit
 Schneidetrommel
Getreidemühle
Eßlöffel

Blumenkohl mit »Gräberle«

(für 2 Personen)

Den Blumenkohl bereitest du im ganzen zu. Du schneidest Blätter und einen Teil des Strunkes ab und wäschst ihn sauber. Dann legst du ihn in einen kleinen, hohen Topf, verrührst das Salz in einer Tasse Wasser und gießt es darüber. Bei großer Hitze bringst du es zum Kochen, drehst die Temperatur dann zurück und läßt es 20 – 30 Minuten leicht kochen. Mit einer Gabel oder einem Messer kannst du prüfen, ob der Blumenkohl gar ist. Das Wasser wird bis dahin fast verbraucht sein.

In der Zwischenzeit machst du die »Gräberle«. Lasse in einer Pfanne die Butter zerlaufen (Herdeinstellung 2, wenn 3 die höchste ist), gib die Brösel dazu, bestreue sie leicht mit Salz und vermenge sie 3 – 5 Minuten mit 2 Backschaufeln. Dann stellst du sie beiseite.

Den fertigen Blumenkohl hebst du mit 2 Backschaufeln in eine Schüssel, bestreust ihn mit »Gräberle« und trägst ihn auf. Dazu gibt es Kartoffelbrei (siehe S. 93).

Zutaten

1 kleiner Blumenkohl
  (ca. 400 g)
1/2 TL Vollmeersalz
1 Tasse Wasser

60 g Butter
100 g Vollkornsemmelbrösel
etwas Kräutersalz

Geräte

Küchenmesser
kleiner, hoher Topf
Tasse
Teelöffel
Gabel
Pfanne
2 Backschaufeln
Schüssel
Eßlöffel

Eierschiffchen im Quarkmeer

(für 2 Personen)

In eine Rührschüssel gibst du Quark, Vollmeersalz, Vitam-R, Kräutersenf, die feingewiegten Kräuter, die feingeschnittene Zwiebel und verrührst alles gut.

In einem kleinen Topf stellst du Wasser auf, und wenn es kocht, legst du mit einem Eßlöffel die Eier hinein. Vorher stichst du die Eier mit einer Stecknadel in die Spitze, damit sie nicht platzen. Wenn das Wasser wieder kocht, drehst du die Hitze zurück und läßt die Eier 10 Minuten darin kochen. Mit einem Eßlöffel hebst du danach die Eier aus dem Topf und hältst sie kurz unter kaltes Wasser. In einem Topf mit kaltem Wasser kannst du sie abkühlen lassen.

Den Quark verteilst du nun auf einer kleinen, länglichen Platte. Die Eier schälst du ab und schneidest sie längs in der Mitte durch. Mit der Schnittfläche nach oben legst du sie in den Quark. Die Tomate schneidest du in 4 Scheiben und stellst jede Scheibe, mit einem Zahnstocher befestigt, als Segel in das Ei.

Dazu gibt es Backkartoffeln (siehe S. 78) oder Petersilienkartoffeln (siehe S. 104).

Zutaten

250 g Sahnequark, 40 %
2 MS Vollmeersalz
1/2 TL Vitam-R
2 TL Kräutersenf
2 Bund frische Kräuter
   z. B. Schnittlauch, Petersilie,
   Kerbel, Kresse
1 kleine Zwiebel
2 Eier, hartgekocht
1 kleine Tomate

Geräte

Rührschüssel
Holzbrett
Wiegemesser
Küchenmesser
Schneebesen
Teelöffel
kleiner Topf mit Deckel
Eßlöffel
kleine Platte
4 Zahnstocher

81

Französische Bohnen

(für 2 Personen)

Die gewaschenen Bohnen werden vorne und hinten mit einem Messer abgeschnitten und in 4 – 5 cm lange Stücke gebrochen. Das Wasser gießt du in einen Topf, gibst Kräutersalz, Frugola und die Bohnen dazu. Wenn die Bohnen kochen, stellst du die Hitze kleiner und läßt sie noch 20 – 30 Minuten leise kochen. Probiere, ob sie weich sind.

Die Tomaten schneidest du mit einem gezackten Messer in kleine Würfelchen, den Knoblauch schälst du und schneidest ihn sehr klein, oder du preßt ihn durch die Knoblauchpresse.

Über die fertigen Bohnen streust du das Bohnenkraut und läßt die Butter darauf zerlaufen, hebst Tomaten und Knoblauch unter. Fülle die Bohnen in eine Schüssel und serviere sie.

Zu den Bohnen schmecken Petersilienkartoffeln (siehe S. 104), Kräuterreis (siehe S. 100) oder Käsereis (siehe S. 90) sehr gut.

Zutaten

350 g frische
Brechbohnen
1 Tasse Wasser
1/2 TL Kräutersalz
1/2 TL Frugola

2 Tomaten
2 Knoblauchzehen
1 TL Bohnenkraut
1 Scheibe Butter

Geräte

Küchenmesser
Schüssel
Kochtopf
Tasse
Teelöffel
Schneidbrettchen
Tomatenmesser
Schüssel

82

Gebackene Bananen auf Reis

(für 2 Personen)

Wasche 1 Tasse Naturreis in einem Sieb unter fließendem Wasser. Gib ihn mit 2 Tassen Wasser, Vollmeersalz und Ingwer in den Kochtopf und stelle ihn zum Kochen auf den Herd. Wenn er kocht, stellst du ihn auf kleine Hitze. Er muß 40 Minuten leicht kochen (nicht umrühren, sonst brennt er an) und 20 Minuten bei ganz geringer Wärme nachquellen.

Die Bananen schälst du ab und bäckst sie in einer Pfanne mit Butter auf beiden Seiten ca. 5 Minuten (Herdeinstellung 2, wenn 3 die höchste Einstellung ist, Gasflamme zwischen groß und klein).

Unter den fertigen Reis rührst du die Sahne und füllst ihn in eine Schüssel. Darauf legst du die gebackenen Bananen. Mit einem Teelöffel beträufelst du die Bananen mit Honig und streust die gehackten Mandeln darüber.

Zutaten

1 Tasse Naturreis
2 Tassen Wasser
1/2 TL Vollmeersalz
1/2 TL Ingwer, gemahlen
4 Bananen
10 g Butter
1/2 Becher Sahne (100 g)
2 TL Honig (dünnflüssig)
50 g gehackte Mandeln

Geräte

Sieb
kleiner Topf
Tasse
Teelöffel
Pfanne
Backschaufel
Gabel
Kochlöffel
Schüssel
Nußhacker

Gebackene Zucchinischeiben

(für 2 Personen)

Wasche die Zucchini und schneide beide Enden kurz ab. Dann schneide sie in 1 cm dicke Scheiben.

In einem Suppenteller schlägst du mit einer Gabel das Ei flüssig und gibst etwas Kräutersalz dazu. In den anderen Suppenteller füllst du die Semmelbrösel, ebenfalls mit etwas Kräutersalz.

Nun panierst du die Zucchinischeiben: Tauche zuerst die beiden Schnittflächen in das Ei und wende sie dann in den Semmelbröseln.

In einer Pfanne erhitzt du das Öl (Einstellung 2, wenn 3 die höchste ist) und bäckst darin langsam, insgesamt 7 – 10 Minuten, die Zucchinischeiben auf jeder Seite. Dann legst du die Hälfte der gebackenen Zucchini auf eine Platte, gibst auf jede 1 Scheibe Käse und bedeckst diesen mit einer zweiten gebackenen Zucchinischeibe. Stelle alles 10 Minuten in die Röhre bei 150 Grad, so daß der Käse schmilzt.

Dazu schmecken Kartoffelsalat oder frische Salate besonders gut.

Zutaten

500 g Zucchini
1 kleines Ei
Kräutersalz
Semmelbrösel
ca. 1/8 l Olivenöl, kaltgepreßt,
*   zum Ausbacken*
125 g Emmentaler
*   in Scheiben*

Geräte

Küchenmesser
Schneidebrett
2 Suppenteller
Gabel
Pfanne
Backschaufel
Porzellanplatte

84

Griechischer Gemüsekuchen

Die gewaschenen Zucchini raspelst du mit der Schale auf einer groben Rohkostreibe in eine Schüssel. Die Zwiebelschlotten oder Zwiebeln schneidest du fein. Den Schafskäse in kleine Würfel schneiden und den Reibkäse auf einer feinen Rohkostreibe reiben. Das alles gibst du in die Schüssel und rührst Öl, Oregano, Basilikum und den feingeschnittenen Dill dazu. Die Eier schlägst du in einer großen Tasse mit der Gabel gut durch und ziehst sie unter die Zucchini, ebenso das frisch- und grobgemahlene Weizenvollkornmehl (Mühleneinstellung mittelfein bis grob). Nun schmeckst du ab, ob du noch etwas Kräutersalz benötigst. Bei würzigem Käse kann das Salzen entfallen.

Zutaten

500 g Zucchini
2 Zwiebelschlotten oder
    75 g Zwiebeln
100 g Schafskäse
50 g Reibkäse
    (z. B. Gouda oder
    Emmentaler)
3 EL Olivenöl, kaltgepreßt
1 TL Oregano
1 TL Basilikum
2 EL frischer Dill
2 Eier
100 g Weizenvollkornmehl,
    grob
Kräutersalz

In eine gefettete, gebröselte Pizza- oder Obstkuchenform (eine Springform läuft aus) streichst du den Gemüseteig und bäckst ihn im vorgeheizten Ofen bei 200 Grad, mittlere Schiene, 35 – 40 Minuten. Wenn dieser leicht gebräunt ist, nimmst du ihn vorsichtig mit Topflappen aus der Röhre und läßt ihn einige Minuten abkühlen. Dann legst du eine Tortenplatte darüber, hältst beides mit den Händen fest und stürzt es um. Nun kannst du den Kuchen mit Salat reichen. Er schmeckt übrigens lauwarm und kalt gleichermaßen gut.

Geräte

Schüssel
grobe Rohkostreibe
Küchenmesser
Schneidbrettchen
feine Rohkostreibe
Eßlöffel
Teelöffel
große Tasse
Gabel
Getreidemühle
Pizza- oder Obstkuchenform
Backpinsel
Stiel-Teigschaber
Tortenplatte

Haferküchlein

(für 2 Personen)

Verrühre in einer Schüssel die Haferflocken (du kannst sie auch selbst frisch quetschen mit einer Getreidemühle, Einstellung wie bei Frischkorngericht) mit dem frischgemahlenen Weizenvollkornmehl. Erwärme die Milch leicht (Fingerprobe), verrühre darin die Hefe und gieße sie über Haferflocken und Mehl. Verrühre sie kurz und laß sie 1/2 Stunde quellen

Danach Ei und Vollmeersalz dazurühren. In einer großen Pfanne zerläßt du eine Scheibe Butter (Herdeinstellung 2, wenn 3 die höchste ist; Gas zwischen großer und kleiner Flamme). Mit einem kleinen Schöpfer gießt du nun 4 Häufchen Teig in die Pfanne. Der Teig läuft etwas auseinander. Nach 2 – 3 Minuten sind die Küchlein leicht braun gebacken. Gib nochmals eine Scheibe Butter in die Pfanne, wende die Küchlein mit einer Backschaufel um und backe auch die andere Seite leicht braun.

Gib sie nun auf eine Platte und stelle diese zum Warmhalten in die Backröhre (Einstellung 100 Grad).

Backe nun die restlichen 4 Küchlein ebenso.

Dazu kannst du Kräutersauce (siehe S. 73) oder Tomatensauce (siehe S. 75) und frischen Salat oder ein Kompott aus rohem Obst (siehe S. 255) reichen.

Zutaten

100 g Haferflocken oder
  100 g Sprießkornhafer
50 g Weizenvollkornmehl
knapp 1/4 l Milch
10 g Hefe

1 Ei
1/2 TL Vollmeersalz
Butter zum Ausbacken

Geräte

Schüssel
Getreidemühle
Milchtopf
Meßbecher
Kochlöffel
große Pfanne
Küchenmesser
kleiner Schöpfer
Backschaufel
Platte
Teelöffel

Hirsekräpfchen

(für 2 Personen)

Setze das Wasser auf, gib die Gemüsebrühe hinein und lasse, wenn es kocht, die Hirse hineinlaufen. Rühre um und lasse sie bei kleiner Hitze 10 Minuten leicht kochen und 10 Minuten quellen. Dann stellst du sie vom Herd weg und läßt sie auskühlen.

Inzwischen reibst du auf einem Reibeisen den Käse fein.

Die Petersilienblätter zupfst du von den Stengeln, schneidest sie auf einem Holzbrettchen klein und wiegst sie mit dem Wiegemesser fein. Den Käse und die Petersilie rührst du unter die Hirse. Teile nun die Hirse in 4 Teile und forme mit der Hand daraus je 1 Kräpfchen. In einen Suppenteller gibst du Semmelbrösel und wälzt darin die Kräpfchen.

In einer Pfanne erhitzt du nun die Butter und legst dann die Kräpfchen hinein (Herdeinstellung 2, wenn 3 die höchste Einstellung ist; bei Gas stellst du die Flamme zwischen groß und klein). Backe sie nun auf jeder Seite ca. 5 Minuten hellbraun.

Zu den Kräpfchen schmeckt Kartoffelsalat (siehe S. 99) oder jeder frische Salat gut.

Zutaten

1/4 l Wasser
1 TL Vitam-Gemüsebrühe
75 g Hirse

100 g Gouda, mittelalt
1/2 Bund Petersilie
5 EL Semmelbrösel
20 g Butter

Geräte

Meßbecher
kleiner Kochtopf
Teelöffel
Kochlöffel
Reibeisen
Holzbrettchen
Küchenmesser
Wiegemesser
Suppenteller
Pfanne
Backschaufel

Hirsetopf

(für 2 Personen)

Du kannst dazu das Gemüse verwenden, das die Jahreszeit bringt. Putze es sauber, wasche und wiege es ab. Danach schneidest du es in Scheiben, Würfel oder teilst es in Röschen, je nach Gemüseart.

Mit Wasser, Frugola, Vitam-Gemüsebrühe setzt du es zu und rührst, wenn es kocht, die Hirse dazu. Bei kleiner Hitze läßt du es 30 Minuten leicht kochen.

Die Tomaten schneidest du in kleine Würfel und hebst sie unter den fertigen Hirse-Eintopf.

Fülle den Eintopf in eine Suppenterrine und streue bei Tisch geriebenen Parmesankäse darüber.

Zutaten

400 g geputztes Gemüse
  (z.B. Blumenkohl, Karotten,
  Erbsen, Bohnen, Sellerie)
gut $1/2$ l Wasser
1 gehäufter TL Frugola
1 TL Vitam-Gemüsebrühe
75 g Hirse
250 g Tomaten
50 g Parmesankäse

Geräte

Küchenmesser
Holzbrett
Meßbecher
mittelgroßer Topf
Teelöffel
Kochlöffel
Suppenterrine

Käsenudeln

(für 2 Personen)

Du kochst die Nudeln wie auf Seite 112 beschrieben. Den Käse reibst du auf einem mittelgroßen Reibeisen.

Über die fertigen heißen Nudeln streust du den Käse und hebst ihn darunter.

Fülle sie in eine Schüssel und bestreue sie mit feingeschnittenem Schnittlauch.

Dazu kannst du frische Salate reichen.

Zutaten

175 g Vollkornnudeln
100 g mittelalter Käse
   (Emmentaler oder Gouda)
1/2 Bund Schnittlauch

Geräte

Reibeisen
Kochlöffel
Küchenmesser
Holzbrett
Servierschüssel

Käsereis

(für 2 Personen)

Du kochst den Reis wie auf Seite 100 beschrieben. Hebe unter den fertigen Reis den feingeriebenen Käse. Fülle ihn in eine Schüssel zum Servieren und bestreue ihn mit frischen feingewiegten Kräutern.

Dazu kannst du frische Salate essen.

Zutaten

1 Tasse Naturreis
40 g Parmesankäse
   oder
   100 g geriebenen
   Emmentaler
1 Bund frische Kräuter

Geräte

Reibeisen
Schüssel
Schneidbrettchen
Küchenmesser

Italienische Pizza

Verrühre mit einem Kochlöffel in einer Schüssel das frischgemahlene Weizenvollkornmehl mit Salz, Quark, Öl und Wasser. Anschließend knetest du mit der Hand alles zu einem geschmeidigen Teig zusammen.

Verstreiche mit einem Pinsel in der Springform einige Tropfen Öl und breite dann mit der Hand den Teig aus. Drücke einen 2 cm hohen Rand und schneide ihn gleichmäßig mit dem Teigrädchen ab.

Nun bereitest du den Belag vor: Die Zwiebel schälen und fein würfeln, die Champignons waschen und in dünne Scheiben schneiden, den Käse auf dem Reibeisen fein reiben, die Knoblauchzehen schälen und in dünne Scheibchen schneiden. Die Paprikaschoten gut waschen, Deckel abschneiden, Kerne und Rippen herausnehmen und in 1/2 cm dicke Ringe aufschneiden. Den Deckel und Boden der Paprikaschoten in kleine Würfelchen schneiden. Die Tomaten waschen, in Scheiben schneiden und Fruchtansatz herausschneiden.

Dann belegst du den Teig: Verteile Zwiebel und Pilze gleichmäßig, streue den Käse und das Pizzagewürz darüber und verteile darauf die Knoblauchscheibchen. Lege die Paprikaringe darüber und die Tomatenscheiben in die Zwischenräume. Die Paprikawürfelchen gibst du darüber und bestreust alles hauchdünn mit Kräutersalz.

Zutaten

250 g Weizenvollkornmehl
1 gestrichener TL
   Vollmeersalz
4 EL Magerquark
5 EL Sonnenblumenöl,
   kaltgepreßt
5 EL Wasser
1 kleine Zwiebel
125 g frische Champignons
150 g mittelalter Käse,
   Emmentaler oder Gouda
2 Knoblauchzehen
2 grüne Paprikaschoten
200 g Tomaten
2 TL Pizzagewürz
etwas Kräutersalz

Geräte

Getreidemühle
Schüssel
Eßlöffel
Teelöffel
Kochlöffel
Springform, ⌀ 26 cm
Backpinsel
Teigrädchen
Schneidbrettchen
Küchenmesser
Tomatenmesser
Reibeisen
Schüssel
Backschaufel
Kuchenplatte

Bei 220 Grad (Gas Stufe 4 – 5) bäckst du die Pizza ca. 30 – 35 Minuten. Nimm die Form vorsichtig mit Topflappen aus der Backröhre, löse den Spring-formrand und lasse die Pizza mit Hilfe einer Back-schaufel auf eine Platte gleiten.

Frischer Salat schmeckt dazu sehr gut.

Kartoffelbrei

(für 2 Personen)

Wasche die Kartoffeln sauber (sie sollten alle etwa gleich groß sein) und setze sie mit Wasser und Kümmel bei großer Hitze zu. Wenn sie kochen, drehst du die Hitze zurück und läßt sie ca. 30 Minuten leicht kochen.

Inzwischen gibst du Milch, Frugola und Salz in einen breiten Topf und legst Gabel, Kartoffelpresse und Schneebesen bereit. Die fertiggekochten Kartoffeln prüfst du (mit Gabel oder Messer einstechen), ob sie gar sind. Dann schälst du sie sofort mit Gabel und Messer, denn sie sind sehr heiß. Das sofortige Schälen ist wichtig, sonst gibt es Krümel im Kartoffelbrei. Die Milch stellst du auf kleiner Hitze zu. Dann gibst du die geschälten Kartoffeln in die Kartoffelpresse (lege jeweils nur 1 oder 2 Kartoffeln ein, dann geht das Pressen leichter) und drückst sie nacheinander in die warme Milch. Gib 1 Scheibe Butter dazu und rühre mit dem Schneebesen alles glatt zu einem Brei.

Wenn du den Brei nicht sofort servierst, halte ihn auf kleinster Hitze kurze Zeit warm.

Zutaten

500 g Kartoffeln
1 Tasse Wasser
1 MS Kümmel

1/4 l Milch
1 TL Frugola
2 MS Vollmeersalz
1 Scheibe Butter

Geräte

kleiner Topf
Tasse
Küchenmesser
kleiner, breiter Topf
Meßbecher
Teelöffel
Gabel
Kartoffelpresse
Schneebesen

Kartoffelchips

(für 2 Personen)

Bürste die Kartoffeln sauber und steche die Augen aus. Lasse sie mit der Schale durch die Rohkostmaschine (Scheibentrommel), oder hoble sie auf dem Gemüsehobel in dünne Scheiben (Vorsicht auf die Finger). In einer Schüssel mischst du die Kartoffelscheiben mit Salz und Olivenöl und breitest sie dann auf dem Backblech aus. Bestreue sie hauchdünn mit Paprika und schiebe sie in den auf 200 Grad vorgeheizten Ofen, mittlere Schiene. Nach 15 Minuten nimmst du vorsichtig das Backblech aus dem Ofen, stellst es auf einen Untersetzer, lockerst und wendest die Scheiben mit einer Backschaufel und schiebst es für weiter 15 Minuten in die Röhre.

In einer Schüssel richtest du die Kartoffelchips zu Salat oder Gemüse an.

Zutaten

600 g Kartoffeln
2 MS Kräutersalz
2 EL Olivenöl, kaltgepreßt
Rosenpaprika (mild)

Geräte

Küchenmesser
Rohkostmaschine
*   mit Scheibentrommel*
*   oder Gemüsehobel*
Schüssel
Eßlöffel
Backblech
Backschaufel
Untersetzer

94

Kartoffelgulasch

(für 2 Personen)

Bürste die Kartoffeln sauber, steche die Augen aus und schneide sie in 1 cm große Würfel. Die Zwiebeln würfelst du grob und die Peperoni mit den Kernen schneidest du ganz fein.

In einem Topf zerläßt du die Butter und dünstest die Zwiebeln unter Rühren, bis sie glasig sind. Jetzt kannst du die gewürfelten Kartoffeln, Majoran, Frugola, Vitam-Gemüsebrühe, Tartex und Peperoni dazurühren und mit dem Wasser aufgießen. 30 Minuten kochen lassen, dazwischen mußt du öfters umrühren. Vor dem Servieren rührst du den Sauerrahm dazu.

Zutaten

500 g Kartoffeln
150 g Zwiebeln
1/2 Peperoni
1 Scheibe Butter (10 g)
1 gehäufter TL Majoran
1 gehäufter TL Frugola
1 gestrichener TL Vitam-
   Gemüsebrühe
1 kleine Dose Paprika-Tartex
   (60 g)
1/4 l Wasser
1 EL Sauerrahm

Geräte

Gemüsebürste
Kartoffelschäler
Küchenmesser
Holzbrettchen
Kochtopf, mittelgroß
Kochlöffel
Meßbecher
Teelöffel
Eßlöffel

95

Kartoffelkroketten

(für 2 Personen)

Schäle die Kartoffeln und reibe sie auf einem Gitterreibeisen in eine Schüssel. Gib Salz, Kümmel, frischgemahlenes Mehl und das Ei dazu und verknete alles gut mit der Hand.

Auf einer leicht bemehlten Arbeitsfläche machst du aus dem Kartoffelteig eine Rolle und schneidest diese mit einem Messer in 10 gleichgroße Teile. Aus jedem Teil rollst du nun 1 kleine Stange, ca. 2 cm dick und 10 cm lang.

In einen Suppenteller gibst du etwas Semmelbrösel und wendest darin die Kartoffelkroketten.

In eine Pfanne gibst du 1 Scheibe Butter, läßt sie zerlaufen und brätst die Kroketten bei Herdeinstellung 2, wenn 3 die höchste Einstellung ist.

Mit Hilfe einer Backschaufel und einer Gabel drehst du nach kurzer Zeit die Kroketten ein Stück weiter, so daß sie rundherum hell gebacken werden. Vielleicht mußt du auch noch etwas Fett in die Pfanne geben, wenn sie zu trocken ist.

Die fertigen Kroketten richtest du auf einer Platte an. Dazu paßt jeder frische Salat.

Zutaten

500 g kalte gekochte Kartoffeln
1/2 TL Vollmeersalz
1 TL Kümmel
40 g Weizenvollkornmehl
1 kleines Ei

etwas Streumehl
5 EL Semmelbrösel zum Wenden
Butter zum Ausbacken

Geräte

Getreidemühle
Teigschüssel
Gitterreibeisen
Küchenmesser
Suppenteller
große Pfanne
Eßlöffel
Backschaufel
Gabel
Platte zum Anrichten

Kartoffelpuffer

(für 2 Personen)

Bürste die Kartoffeln sauber und stich die Augen aus, denn die Schalen werden mit verwendet. Alte Kartoffeln schälst du mit dem Kartoffelschäler.

Nun reibst du die Kartoffeln und die geschälte Zwiebel auf der Rohkostreibe und rührst Vollmeersalz, Ei und das frischgemahlene Weizenvollkornmehl dazu.

In eine große Pfanne gibst du 1 Scheibe Butter, Herdeinstellung 2, wenn 3 die höchste Stufe ist (bei Gas zwischen großer und kleiner Flamme). In die zerlaufene Butter gibst du für jeden Puffer 1 gehäuften EL rohen Kartoffelbrei und drückst ihn mit dem Löffel breit. In eine große Pfanne passen 3 Puffer.

Die angegebene Menge ergibt etwa 12 Kartoffelpuffer.

Wenn die Ränder der Puffer anfangen braun zu werden, mußt du die Puffer umdrehen. Vor dem Wenden kannst du nochmals etwas Butter in die Pfanne geben.

Die fertigen Puffer legst du auf eine Platte, die du in die auf 100 Grad vorgewärmte Röhre stellst. Danach gibst du wieder Fett in die Pfanne und bäckst weiter.

Zu den Kartoffelpuffern schmeckt rohes Apfelmus (siehe S. 261), Preiselbeerkompott (siehe S. 262) oder auch frischer Salat gut.

Zutaten

500 g Kartoffeln
1 kleine Zwiebel
1/2 TL Vollmeersalz
1 Ei
2 gehäufte EL
   Weizenvollkornmehl
Butter zum Ausbacken

Geräte

Bürste
Kartoffelschäler
Küchenmesser
Rohkostreibe
Schüssel
Teelöffel
Getreidemühle
große Pfanne
Eßlöffel
Backschaufel
Platte

Kartoffelrösti
mit Spiegelei

(für 2 Personen)

Bürste die Kartoffeln sauber, stich die Augen aus und hoble sie mit der Schale auf dem Gurkenhobel (Vorsicht auf die Finger) oder mit der Rohkostmaschine fein.

Zerlasse in einer großen Pfanne die Butter (Herdeinstellung 2, wenn 3 die höchste ist), gib die Kartoffeln hinein und bestreue sie hauchdünn mit Kräutersalz. Nach einigen Minuten wendest du die Kartoffeln um, streust wieder leicht Kräutersalz darauf und läßt sie weiterbraten. Dann wendest du sie nochmals um, so daß alle gut durchgebraten sind. Gesamtbratzeit 15 – 20 Minuten.

In einer kleinen Pfanne läßt du ein Stückchen Butter zerlaufen. Schlage die Eier am Tassenrand auf und lasse sie in die Tasse laufen. Gieße mit der Tasse die Eier in das heiße Fett, streue eine Prise Vollmeersalz darüber und lasse sie 2 – 3 Minuten braten.

Gib die Kartoffelrösti und die Spiegeleier auf die Teller und bestreue beides mit feingeschnittenem Schnittlauch.

Dazu gibt es frischen Salat.

Zutaten

500 g Kartoffeln
25 g Butter
Kräutersalz

Butter
2 Eier
1 Bund Schnittlauch

Geräte

Gemüsebürste
Gurkenhobel oder
*   Rohkostmaschine*
*   mit Scheibentrommel*
große Pfanne
kleine Pfanne
Backschaufel
Tasse
Holzbrettchen
Küchenmesser

Kartoffelsalat

(für 2 Personen)

Die gewaschenen Kartoffeln setzt du mit wenig Wasser zu und kochst sie weich, ca. 30 Minuten.

Mit einer Kartoffelgabel nimmst du sie aus dem Topf und läßt sie etwas abkühlen.

Inzwischen machst du die Salatsauce: Rühre Öl, Essig, Senf und Salz in einer Salatschüssel mit dem Schneebesen cremig. Schneide den Schnittlauch und die Zwiebel fein, würfle die Tomaten oder die Gürkchen klein und rühre alles zur Salatsauce.

Jetzt kannst du die Kartoffeln schälen und in feine Scheiben schneiden, gleich in die Salatsauce hinein. In dem lauwarmen Wasser löst du das Frugola auf und gießt es über die Kartoffeln.

Mische nun vorsichtig alles und lasse den Salat 1/2 bis 1 Stunde durchziehen.

Dazu schmecken gebackene Zucchinischeiben (siehe S. 84) oder Hirsekräpfchen (siehe S. 99) oder Quarkpufferchen (siehe S. 106) gut.

Zutaten

500 g kleine Kartoffeln
1 Tasse Wasser

3 EL Olivenöl, kaltgepreßt
2 EL Obstessig
1 TL Senf
2 MS Vollmeersalz
1/2 Bund Schnittlauch
1 kleine Zwiebel
2 Tomaten oder
   2 saure Gürkchen

1/8 l lauwarmes Wasser
1 TL Frugola

Geräte

kleiner Kochtopf mit Deckel
Tasse
Kartoffelgabel
Salatschüssel
Eßlöffel
Teelöffel
Schneebesen
Holzbrettchen
kleines Küchenmesser
Meßbecher
Salatbesteck

Kräuterreis

(für 2 Personen)

Miß den Reis mit einer Tasse ab, schütte ihn in ein feines Sieb und wasche ihn unter fließendem Wasser.

Das Wasser gießt du in einen Topf, gibst Frugola, Vitam-Gemüsebrühe und den Reis dazu und stellst ihn auf die Kochplatte. Wenn er kocht, stellst du die Platte auf kleine Hitze. Er muß 40 Minuten leicht kochen, anschließend bei ganz geringer Wärme 20 Minuten quellen.

Von den gewaschenen Kräutern entfernst du die harten Stiele, schneidest sie zuerst mit dem Messer klein und wiegst sie dann mit dem Wiegemesser fein.

Nun läßt du die Butter auf dem fertigen Reis zerfließen, hebst die Kräuter unter und füllst ihn in eine Schüssel zum Servieren.

Der Kräuterreis ist eine feine Beilage zu Gemüsen, Salaten und Saucen.

Zutaten

1 Tasse Naturreis
2 Tassen Wasser
1 TL Frugola
1 TL Vitam-Gemüsebrühe
1 Bund frische Kräuter
   (z. B. Petersilie,
   Schnittlauch, Majoran
   oder Dill)
1 Scheibe Butter

Geräte

Tasse
Sieb
kleiner Kochtopf
Teelöffel
Schneidbrettchen
Küchenmesser
Wiegemesser
Schüssel

Maisfladen überbacken

(für 2 Personen)

In einem kleinen Topf stellst du das Wasser auf den Herd und gibst Frugola und Vitam-Gemüsebrühe dazu. Das Suppengrün wäschst und bürstest du sauber, schneidest es ganz fein und gibst es ins Wasser.

Wenn das Wasser kocht, schüttest du den Maisgrieß dazu, rührst um und läßt ihn 5 Minuten bei kleiner Hitze kochen und 20 Minuten bei kleinster Hitze quellen.

Den heißen Brei noch mal verrühren, auf einen flachen Eßteller geben, mit einem Teigschaber glattstreichen und auskühlen lassen.

Wenn der Brei ausgekühlt und fest ist, kannst du ihn backen. In einer großen Pfanne läßt du die Butter zerlaufen (E-Herd-Einstellung 2, wenn 3 die größte ist, Gas zwischen großer und kleiner Flamme) und läßt den Maisfladen vom Teller in die Pfanne gleiten. Nach 3 – 5 Minuten wendest du den Fladen um. Dazu deckst du einen großen Dek-

Zutaten

1/2 l Wasser
1 TL Frugola
1 TL Vitam-Gemüsebrühe
1 Bund Suppengrün
125 g Maisgrieß (Polenta)

20 g Butter
250 g Tomaten
100 g Emmentaler oder
   Gouda in Scheiben
1/2 Bund Schnittlauch

Geräte

kleiner Kochtopf
Meßbecher
Teelöffel
Holzbrettchen
Küchenmesser
Bürste
Kochlöffel
Eßteller
Teigschaber
Eßlöffel
große Pfanne
Deckel
Tomatenmesser
Platte

101

kel über die Pfanne, drehst die Pfanne mit dem Deckel um, so daß der Maisfladen im Deckel liegt, dann gibst du noch ein Stückchen Butter in die Pfanne und läßt den Maisfladen vom Deckel in die Pfanne gleiten (Herdhitze nun klein stellen).

Die gewaschenen Tomaten schneidest du in Scheiben, Fruchtansatz wegschneiden, und legst sie auf den Maisfladen. Darauf legst du die Käsescheiben (Rand vorher abschneiden). Nun gibst du den Deckel darüber und läßt den Fladen bei kleiner Hitze noch 5 – 7 Minuten backen. Der Käse schmilzt nun über die Tomaten.

Den fertigen Fladen läßt du von der Pfanne auf eine Platte gleiten und bestreust ihn mit feingeschnittenem Schnittlauch.

Dazu reichst du frische Salate.

Guten Hunger

Pellkartoffeln
mit Kräuterbutter

Kräuterbutter:

Schneide mit einem Küchenmesser die Butter in eine kleine Schüssel. Wasche die Kräuter und schneide sie auf einem Schneidbrettchen ganz fein. Bei manchen Kräutern brauchst du dazu das Wiegemesser. Die Knoblauchzehe schälst du ab und schneidest sie in ganz kleine Würfelchen.

Die Butter ist nun weich, und du kannst sie mit einem kleinen Schneebesen oder einem Kochlöffel sahnig rühren. Dann gibst du die Kräuter, die Knoblauchzehe und das Kräutersalz dazu.

Mit einem Stiel-Teigschaber füllst du nun die fertige Kräuterbutter in ein hübsches Keramik- oder Glasschüsselchen und stellst sie bis zum Essen in den Kühlschrank.

Pellkartoffeln:

Die Kartoffeln bürstest du gut mit der Gemüsebürste, gibst die Tasse Wasser in einen Topf, die Kartoffeln dazu und kochst sie weich. Das dauert je nach Kartoffelgröße etwa 30 Minuten. Bevor du sie vom Herd nimmst, stich mit einer Gabel in die Kartoffeln und prüfe, ob sie weich sind.

Neue Kartoffeln kannst du mit der Schale servieren und essen. Ältere Kartoffeln schälst du mit Gabel und Messer ab, bevor du sie aufträgst.

Dazu reichst du nun die kalte Kräuterbutter und Salat.

Zutaten

100 g Butter
1 Bund Kräuter; möglichst gemischt, z. B. Schnittlauch, Petersilie, Dill
1 kleine Knoblauchzehe
1 MS Kräutersalz

pro Person 3 – 5 kleine Kartoffeln
1 Tasse Wasser

Geräte

kleine Rührschüssel
Küchenmesser
kleiner Schneebesen
Schneidbrettchen
Wiegemesser
Stiel-Teigschaber
kleines Keramiktöpfchen
kleiner Kochtopf
Gemüsebürste
Tasse
Gabel

Petersilienkartoffeln

Wasche die Kartoffeln und koche sie in wenig Wasser weich. Das dauert etwa 30 Minuten, je nach Kartoffelgröße. Stich, bevor du sie vom Herd nimmst, mit einer Gabel hinein und prüfe, ob sie weich sind. Mit Gabel und Messer schälst du sie gleich ab.

In einem Topf, den man gleich zum Servieren benutzen kann, läßt du die Butter zerschleichen, sie darf nicht braun werden. Dahinein gibst du die geschälten Kartoffeln.

Auf einem Holzbrett schneidest du die Petersilie klein und wiegst sie dann fein mit einem Wiegemesser. Nun streust du sie über die Kartoffeln und wendest sie ganz vorsichtig um, bis sie rundum voll Butter und Petersilie sind.

Dazu schmeckt ein guter Salat, aber auch Kräutersauce (siehe S. 73) und Pilzsauce (siehe S. 74).

Zutaten

pro Person 3 – 5 kleine
  Kartoffeln
1 Tasse Wasser
10 g Butter
1 Bund Petersilie

Geräte

kleiner Kochtopf
Tasse
Kochtopf zum Servieren
Küchenmesser
Gabel
Holzbrett
Wiegemesser

Pommes frites

(für 2 Personen)

Bürste die Kartoffeln sauber und steche die Augen aus. Auf einem Schneidbrettchen schneidest du sie mit der Schale in 1/2 cm breite Scheiben. Die Scheiben schneidest du in 1/2 cm breite Streifen. Diese gibst du in eine Schüssel, streust Kräutersalz darüber und gießt das Öl dazu. Mische nun alles gut und breite die Streifen auf einem Backblech aus.

In den auf 200 Grad vorgeheizten Ofen, mittlere Schiene, schiebst du das Backblech mit den Kartoffelstreifen. Nach 15 Minuten nimmst du es vorsichtig mit Topflappen aus der Röhre und stellst es auf einen Untersetzer. Mit einer Backschaufel lockerst du die Kartoffelstreifen auf dem Blech. Dann schiebst du es nochmals für 15 Minuten in die Röhre.

In einer Schüssel richtest du die Pommes frites zu Salat oder Gemüse an.

Zutaten

600 g Kartoffeln
2 MS Kräutersalz
3 EL Olivenöl, kaltgepreßt

Geräte

Schneidbrettchen
Küchenmesser
Schüssel
Eßlöffel
Backblech
Backschaufel
Untersetzer

Quarkpufferchen

(für 2 Personen)

Rühre in einer Schüssel mit dem Schneebesen die Butter glatt, gib Schichtkäse, Sauerrahm und Ei dazu und verrühre gut.

Mit einem Kochlöffel rührst du dann das frischgemahlene Weizenvollkornmehl, Kräutersalz, Majoran und Basilikum dazu.

Forme mit nassen Händen aus dem weichen Teig 4 Pufferchen und wende diese in den Semmelbröseln. Gib in die Pfanne ein Stückchen Butter und lege, wenn sie heiß ist (Herdeinstellung 2, wenn 3 die höchste ist), die Pufferchen hinein.

Brate sie auf beiden Seiten hellbraun (Gesamtbratzeit ca. 10 Minuten). Dazu gibt es Tomatensauce (siehe S. 75) und frischen Salat der Jahreszeit.

Zutaten

25 g Butter
125 g Schichtkäse
1 EL Sauerrahm
1 Ei
50 g Weizenvollkornmehl
1/2 TL Kräutersalz
2 TL Majoran
2 MS Basilikum

4 EL Semmelbrösel
10 g Butter

Geräte

Rührschüssel
Schneebesen
Eßlöffel
Küchenmesser
Kochlöffel
Getreidemühle
Teelöffel
Suppenteller
flacher Teller
kleine Pfanne
Backschaufel
Gabel

Rosenkohl in Käsesauce

(für 2 Personen)

Gib das Wasser in einen Topf und verrühre darin Frugola und Vitam-Gemüsebrühe. Den Rosenkohl wäschst du sauber, schneidest eventuell welke Blätter ab und gibst ihn in den Topf. Bei großer Hitze bringst du ihn zum Kochen und drehst dann die Temperatur zurück, damit er nur leicht kocht.

Nach ca. 20 Minuten sind die Röschen weich und du nimmst den Topf von der Kochstelle. Mit einem Sieblöffel hebst du sie aus der Brühe in eine bereitstehende Schüssel.

Auf der Getreidemühle mahlst du den Reis so fein wie Mehl und rührst ihn mit einem Schneebesen in die Brühe. Nun stellst du den Topf auf die Kochstelle zurück, läßt die Sauce unter Rühren aufkochen und nimmst sie wieder vom Herd. Reibe den Käse auf einem feinen Reibeisen und gib ihn mit dem Rosenkohl in die Sauce. Rühre um und serviere mit Kartoffelbrei (siehe S. 93).

Veränderung:

Du kannst das gleiche Rezept auch mit Blumenkohl (in Röschen geteilt) zubereiten.

Zutaten

1/2 l Wasser
1 TL Frugola
1 TL Vitam-Gemüsebrühe
250 g Rosenkohl

25 g Naturreis (2 EL)
50 g Emmentaler

Geräte

kleiner, hoher Topf
Meßbecher
Teelöffel
Kochlöffel
Küchenmesser
Sieblöffel
Schüssel
Getreidemühle
Schneebesen
Reibeisen

Schwäbische Spätzle

(für 2 Personen)

Mische in einer Rührschüssel das frischgemahlene Weizenvollkornmehl mit Salz und Frugola,
miß oder wiege das Wasser dazu und gib die Eier
hinein. Mit einem Schneebesen verrührst du alles
gut zu einem glatten Teig. Diesen läßt du ca.
30 Minuten quellen.

Setze in einem mittelgroßen Topf Wasser mit Salz
und Öl zu und bringe es zum Kochen. Lege den
Spätzleschaber über den Topf mit kochendem
Wasser, fülle etwa 1/3 des Teiges in den Schaber
und schabe (durch Hin-und-her-Schieben) den
Teig in das Wasser. Lege den Schaber zur Seite,
rühre die Spätzle um und warte, bis sie aufkochen. Dann hebst du sie mit dem Sieblöffel in eine
Schüssel oder Auflaufform. Nun schabst du die
nächste Portion Teig in das kochende Wasser.

Zutaten

250 g Weizenvollkornmehl
1/2 TL Vollmeersalz
1 TL Frugola
gut 1/8 l Wasser (150 g)
2 Eier

2 l Wasser
3 TL Vollmeersalz
2 EL Öl, kaltgepreßt

2 Scheiben Butter oder
   4 EL geriebener Käse
2 EL gehackte Petersilie oder
   Schnittlauch

Wenn du eine Spätzlepresse hast, legst du sie auch über den Topf, füllst 1/3 des Teiges ein und drückst den Inhalt in das kochende Wasser.

Die fertigen Spätzle kannst du mit Butterstückchen belegen und einstweilen in der Backröhre warm halten (100 Grad, mittlere Schiene). Mit frischen Kräutern bestreut, reichst du sie als Beilage zu Gemüse oder Salaten.

Wenn du *Käsespätzle* willst, hebst du sie wie oben beschrieben in eine Auflaufform und streust nach jeder Portion (= 1/3 des Teiges) 2 EL geriebenen Käse darüber. Stelle die Backröhre auf 150 Grad, schiebe die Auflaufform auf die mittlere Schiene und backe 15 Minuten.

Dann servierst du sie, mit frischen Kräutern bestreut, zu Salaten.

Geräte

Rührschüssel
Getreidemühle
Teelöffel
Schneebesen
Meßbecher
mittelgroßer Topf
Eßlöffel
Spätzleschaber oder
*   Spätzlepresse*
Sieblöffel
Schüssel oder Auflaufform
Küchenmesser
Käsereibe
Schneidbrettchen

Semmelklöße

(für 2 Personen)

Halbiere die Brötchen, stelle sie auf die Schnittfläche und schneide sie in feine Scheiben auf. In einer Schüssel übergießt du sie mit warmer Milch und läßt sie quellen.

Schäle inzwischen die Zwiebel und würfele sie fein. Die Petersilie waschen, schneiden und fein wiegen. Beides in etwas Butter kurz glasig dünsten.

Dann gibst du Zwiebel, Petersilie, Vollmeersalz und Ei zu den Semmeln, verrührst zuerst alles mit dem Kochlöffel. Anschließend arbeitest du mit der Hand den Teig durch und formst davon 4 Klöße.

In einem schmalen, hohen Topf bringst du das Wasser mit Salz zum Kochen und legst die Klöße vorsichtig mit einem großen Löffel hinein. Lasse die Klöße nun 20 Minuten leise kochen, bei leicht geöffnetem Topfdeckel. Wenn sie fertig sind, schwimmen sie oben. Mit einem Sieblöffel nimmst du sie dann aus dem Topf.

Zu den Klößen schmecken besonders gut Pilzsauce (siehe S. 74) und frischer Salat.

Zutaten

4 Vollkorn-Semmeln,
   1 – 2 Tage alt, ca. 250 g
1/4 l Milch
1 kleine Zwiebel
1/2 Bund Petersilie
10 g Butter
1/2 TL Vollmeersalz
1 kleines Ei

1 1/2 l Wasser
1 gehäufter TL Vollmeersalz

Geräte

Schneidbrettchen
Küchenmesser
Schüssel
kleiner Topf
Meßbecher
Wiegemesser
kleine Bratpfanne
Teelöffel
Kochlöffel
schmaler, hoher Topf
großer Löffel
Sieblöffel

Tomaten gefüllt

(für 2 Personen)

Bereite den Reis zu, wie auf Seite 100 beschrieben. Schneide die Zwiebel auf dem Schneidbrettchen klein, hacke die Mandeln, wasche die Korinthen (in einem Sieb) und schneide die Petersilie fein. In einer kleinen Pfanne erhitzt du das Öl bei mittlerer Hitze, dünstest darin die Zwiebeln glasig und gibst die gehackten Mandeln, Korinthen und Petersilie dazu. Rühre ca. 2 Minuten um, nimm es vom Herd und mische es unter den fertiggekochten Reis.

Die Tomaten halbierst du quer und holst vorsichtig mit einem Teelöffel das Fruchtfleisch heraus. Nun hast du 4 ausgehöhlte Tomatenhälften. Bestreue sie dünn mit Kräutersalz, fülle sie mit dem Reis und stelle sie in eine Auflaufform. Das Tomatenfruchtfleisch mixt du mit 1/2 TL Kräutersalz und 1 EL Olivenöl und gießt es zu den Tomaten.

Schiebe die Auflaufform in die auf 200 Grad vorgeheizte Backröhre, unterste Schiene, und lasse die Tomaten 20 Minuten garen. Nimm sie vorsichtig aus der Röhre, lasse sie noch 10 Minuten abkühlen und serviere sie dann.

Zutaten

Füllung:
1 Tasse Naturreis
2 Tassen Wasser
1 TL Frugola
1 TL Vitam-Gemüsebrühe

1 Zwiebel (60 g)
2 EL Mandeln
2 EL Korinthen
2 EL Petersilie
2 EL Olivenöl, kaltgepreßt

*2 große Fleischtomaten
  (ca. 700 g)*
Kräutersalz
1 EL Olivenöl, kaltgepreßt

Geräte

kleiner Kochtopf
Sieb
Tasse
Teelöffel
Eßlöffel
Schneidbrettchen
Küchenmesser
Nußhacker
kleine Pfanne
Kochlöffel
Auflaufform
Mixbecher
Mixgerät

Vollkornnudeln

(für 2 Personen)

Setze das Wasser mit Frugola zu, und wenn es kocht, gibst du die Nudeln hinein und schaltest die Hitze zurück.

Die Nudeln sollen 10 Minuten leicht kochen und 10 Minuten quellen. Dann ist alles Wasser aufgebraucht und du brauchst nichts wegzugießen. Nun gibst du die Nudeln in eine Schüssel, legst eine Scheibe Butter darauf, daß sie zerläuft, und streust etwas feingeschnittenen Schnittlauch darüber.

So kannst du sie als Beilage servieren.

Zutaten

$1/2$ l Wasser
1 gehäufter TL Frugola
175 g Vollkornnudeln
   (Spaghetti, Spirelli,
   Hörnchen etc.)
1 Scheibe Butter
$1/2$ Bund Schnittlauch

Geräte

kleiner Kochtopf
Teelöffel
Meßbecher
Küchenmesser
Holzbrett
Servierschüssel

Vollkornpfannkuchen

(für 2 Personen)

Mahle den Weizen und Buchweizen sehr fein und gib die Eier, Milch, Wasser und Vollmeersalz dazu. Verrühre alles gut mit dem Schneebesen.

Dieser Teig muß nun mindestens 30 Minuten quellen, dann kann das Backen beginnen.

Nimm dazu eine kleine Pfanne gib ein kleines Eckchen Butter hinein, erhitze es, gieße etwa 1/2 Schöpfer Teig in die Pfanne und lasse diesen verlaufen. (Wenn du den Teig in die Pfanne gießt, mußt du vorher immer mit dem Schöpfer umrühren, weil sich das Vollkornmehl leicht absetzt.)

Stelle die Pfanne auf die Herdplatte, Einstellung 2, wenn die höchste Einstellung 3 ist. Es ist gut, wenn du nun die Pfanne öfters hin und her schiebst, daß

Zutaten

125 g Weizenvollkornmehl
2 EL Buchweizen
2 Eier
1/4 l Milch
1/8 l Wasser
1/2 TL Vollmeersalz
Butter zum Ausbacken

Geräte

Getreidemühle
Eßlöffel
Schüssel
Meßbecher
Schneebesen
kleine Pfanne
Küchenmesser
Suppenschöpfer
Backschaufel
Platte
Teelöffel

sich der Pfannkuchen löst. Ist er hell gebacken und löst sich gut, legst du ein kleines Eckchen Butter darauf, wendest ihn mit der Backschaufel um und bäckst ihn auf der anderen Seite hell aus.

Wenn er fertiggebacken ist, legst du ihn auf eine Platte, die in der vorgewärmten Röhre steht (100 Grad). Nun bäckst du die anderen Pfannkuchen aus.

Die Teigmenge ergibt 8 – 10 kleine Pfannkuchen.

Du kannst sie mit kaltgerührter Marmelade (siehe S. 256) oder mit Apfelmus (siehe S. 261) bestreichen, zusammenrollen und essen.

Du kannst aber auch geriebenen Käse oder Tartex hineinstreichen, nochmals 10 Minuten in die Röhre stellen und mit gehackten Kräutern bestreut zum Salat essen.

Wirsinggemüse

(für 2 Personen)

Verrühre in einem Topf Wasser mit Frugola und Vitam-Gemüsebrühe. Vom Wirsing schneidest du die äußeren Blätter ab. Nach dem Waschen teilst du ihn auf einem Schneidebrett mit einem großen Messer in 4 Teile. Von jedem Viertel schneidest du den Strunk heraus. Schneide den Wirsing in ca. 2 cm breite Stücke, gib sie in den Topf, bringe sie bei großer Hitze zum Kochen und drehe dann die Temperatur zurück, damit sie nur leicht kochen.

Mahle den Hafer in der Getreidemühle, Einstellung mittelfein bis grob, verrühre ihn im Wasser und lasse ihn quellen. Ab und zu rührst du im Topf um, damit nichts anliegt. Nach ca. 20 Minuten ist der Wirsing weich.

Nun mixt du den Wirsing mit dem Mixstab direkt im Topf, oder du füllst ihn etwas abgekühlt in den Mixer. Rühre den eingeweichten Hafer und die Tartex dazu, laß alles nochmals aufkochen und nimm dann den Topf von der Kochstelle.

Dazu schmecken Kartoffel-chips, Pommes frites oder Petersilienkartoffeln.

Zutaten

2 Tassen Wasser
1 TL Frugola
1 TL Vitam-Gemüsebrühe
500 g Wirsing

2 EL Hafer
1/2 Tasse Wasser
1/2 Dose Paprika-Tartex (60 g)

Geräte

mittelgroßer Kochtopf
Küchenmesser
großes Messer
Schneidebrett
Tasse
Teelöffel
Kochlöffel
Getreidemühle
Eßlöffel
Mixgerät

Zucchiniauflauf

Bürste die Kartoffeln sauber unter fließendem Wasser und wasche anschließend Zucchini und Tomaten. Kartoffeln und Zucchini mit der Schale fein hobeln (mit der Rohkostmaschine: Scheibentrommel) und Tomaten in 1 cm dicke Scheiben schneiden. Das Olivenöl gibst du zu den Kartoffelscheiben und mischst sie durch.

In eine Auflaufform breitest du ca. zwei Drittel der Kartoffelscheiben und bestreust sie fein mit Kräutersalz und Basilikum. Darauf schichtest du die Zucchinischeiben, die du auch leicht mit Kräutersalz und Basilikum bestreust. Darüber legst du die mit etwas Kräutersalz und Basilikum bestreuten Tomatenscheiben und bedeckst diese mit den restlichen Kartoffelscheiben. Den Sauerrahm verrührst du in einer Tasse mit Salz und 1 TL frischgemahlenem Weizenvollkornmehl und streichst ihn über die Kartoffelscheiben.

Reibe nun den Käse fein und streue ihn als Abschluß über die oberste Schicht.

Bei 225 Grad, unterste Schiene, bäckst du den Auflauf in der vorgeheizten Röhre 30 Minuten und läßt ihn dann noch 15 Minuten in der abgeschalteten Röhre stehen. Mit Topflappen nimmst du die Auflaufform aus der Röhre.

Zutaten:

350 g Kartoffeln
2 EL Olivenöl, kaltgepreßt
400 g Zucchini
300 g Tomaten
Kräutersalz
3 TL Basilikum

100 g Sauerrahm
1 MS Kräutersalz
1 TL Weizenvollkornmehl
50 g Emmentaler

Geräte:

Rohkostmaschine
    mit Scheibentrommel
2 Schüsseln
Schneidbrettchen
Küchenmesser
Eßlöffel
Auflaufform
Tasse
Teelöffel
Reibeisen
Topflappen

Für die Süßen – ein süßes Hauptgericht

Apfelschlemmerei

(für 2 Personen)

Zuerst machst du den Streuselteig. Das geht so:

Unter das frischgemahlene Weizenvollkornmehl mischst du Zimt und Vanille, schneidest die kalte Butter darüber und wiegst den Honig dazu. Mit einem Kochlöffel vermischst du zuerst alles gut, und dann knetest du mit der Hand alles rasch zusammen. Den Teig stellst du 1/2 Stunde kühl.

Inzwischen viertelst du die Äpfel, nimmst das Kernhaus heraus und schneidest sie in feine Scheiben. In eine gefettete Auflaufform gibst du die Äpfel und verteilst darauf den kalten Streuselteig als Streusel, d.h., du brichst vom kalten Teig kleine Stückchen ab und legst sie auf die Äpfel.

Bei 250 Grad, unterste Schiene, 15 Minuten bakken (bei Gas Stufe 5). Leicht abgekühlt, mit steifgeschlagener Sahne reichen.

Zutaten

200 g Weizenvollkornmehl
1 TL Zimt
1 MS Vanille
100 g Butter
100 g Honig
750 g Äpfel
1/2 Becher Sahne (100 g)

Geräte

Schüssel
Getreidemühle
Teelöffel
Küchenmesser
Eßlöffel
Kochlöffel
Schneidbrettchen
Auflaufform
Pinsel
schmaler, hoher Topf
Sahneschläger

118

Früchtereis

(für 2 Personen)

Schütte eine Tasse Naturreis in ein feines Sieb und wasche ihn unter fließendem Wasser.

In einen kleinen Kochtopf gibst du den gewaschenen Reis, gießt 2 Tassen Wasser und 2 MS Vollmeersalz dazu und stellst ihn auf den Herd. Wenn er kocht, stellst du die Hitze klein und läßt ihn 40 Minuten leicht kochen. Anschließend läßt du ihn noch 20 Minuten bei ganz geringer Wärme quellen.

Inzwischen richtest du das Obst her. Je nach Obstsorte schälst du es ab, z. B. bei Orangen, Bananen, Ananas, oder du entsteinst es, z. B. bei Kirschen, Zwetschgen, oder du entfernst das Kernhaus, z. B. bei Birnen und Äpfeln.

Dann schneidest du das Obst in Scheiben oder Würfel und gibst es in eine Schüssel. Dazu gibst du den ausgepreßten Zitronensaft, 1 – 2 EL Honig, je nach der Süße des Obstes, sowie Delifrut und vermischst alles vorsichtig. Die Sahne schlägst du mit dem Elektroquirl in einem hohen Mixbecher steif.

In einer Schüssel breitest du die Hälfte des fertiggekochten Reises aus, darüber gibst du die Hälfte des Obstes. Über das Obst kommt der restliche Reis, zum Abschluß Obst. Darauf häufst du die geschlagene Sahne und servierst gleich.

Zutaten

1 Tasse Naturreis
2 Tassen Wasser
2 MS Vollmeersalz

600 – 700 g verschiedenes
    Obst, je nach Jahreszeit
Saft von 1 Zitrone,
    unbehandelt
1 – 2 EL Honig
2 MS Delifrut
1/2 Becher Sahne (100 g)

Geräte

Tasse
feines Sieb
kleiner Kochtopf
Küchenmesser
Holzbrettchen
Zitronenpresse
Schüssel für Obst
Eßlöffel
hoher Mixbecher
Elektroquirl
Schüssel zum Anrichten
Stiel-Teigschaber

Grießbrei

(für 2 Personen)

Stelle das Wasser zu, gib das Salz rein und wenn es kocht, nimmst du es von der Kochstelle. Ganz langsam läßt du mit einem Meßbecher den Grieß hineinlaufen. Dabei rührst du ständig mit der anderen Hand mit einem Schneebesen. Nun stellst du den Topf zurück auf die Kochstelle.

Bei kleiner Hitze läßt du den Brei 2 – 3 Minuten leicht kochen. Nimm nun den Topf von der Herdplatte und rühre zuerst langsam mit dem Schneebesen die Sahne unter den Brei, dann den Honig.

Zum Anrichten überstreust du ihn ganz dünn mit Zimt und reichst ein Kompott aus rohem Obst (siehe S. 255) dazu.

Zutaten

$1/2$ l Wasser
1 MS Vollmeersalz
125 g Vollkorngrieß
100 g Sahne ($1/2$ Becher)
1 EL Honig
Zimt

Geräte

kleiner Kochtopf
Meßbecher
Schneebesen
Eßlöffel
Schüssel zum Servieren

Gebackene Grießschnitten

(für 2 Personen)

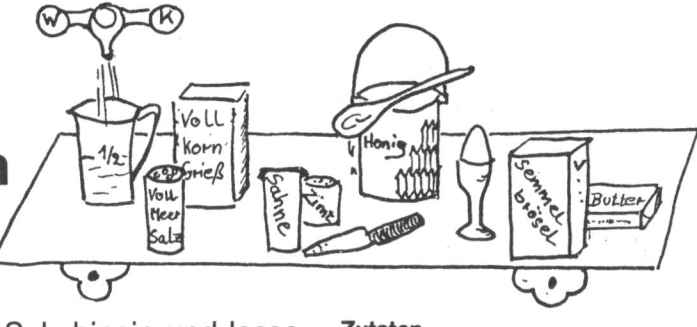

Stelle das Wasser zu, gib Salz hinein und lasse, wenn es kocht, mit einem Meßbecher langsam den Grieß hineinlaufen. Mit einem Schneebesen rührst du dabei ständig um. Bei kleiner Hitze läßt du den Brei 2 Minuten leicht kochen und quellen. Dann nimmst du ihn mit Topflappen von der Herdplatte und rührst Sahne, Zimt und Honig darunter.

Mit einem Teigschaber mit Stiel gibst du den fertigen Brei auf einen flachen Eßteller und streichst ihn mit einem Messer glatt.

Nach 1 – 2 Stunden ist der Brei kalt und fest, und du kannst ihn in 6 Stücke zerschneiden.

In einem Suppenteller schlägst du mit einer Gabel ein Ei glatt, in einen zweiten Teller gibst du Semmelbrösel. Nun wendest du die Grießschnitten nacheinander in Ei und Semmelbröseln.

In einer Pfanne läßt du eine Scheibe Butter zerlaufen, Einstellung 2, wenn 3 die höchste ist. Lasse nun vom Teller die Grießschnitten auf einmal in die Pfanne gleiten. Nach ein paar Minuten, wenn sie hell gebacken sind, wendest du sie mit Hilfe einer Backschaufel und einer Gabel und bäckst sie auf der anderen Seite.

Dazu paßt rohes Apfelmus (siehe S. 261) oder Kompott aus rohem Obst (siehe S. 255).

Zutaten

1/2 l Wasser
1 MS Vollmeersalz
175 g Vollkorngrieß
100 g Sahne (1/2 Becher)
2 MS Zimt
1 EL Honig
1 kleines Ei
Semmelbrösel
Butter zum Ausbacken

Geräte

kleiner Kochtopf
Meßbecher
Schneebesen
Eßlöffel
Topflappen
Teigschaber mit Stiel
flacher Eßteller
Messer
2 Suppenteller
Gabel
große Pfanne
Backschaufel

Hefepfannkuchen

(für 2 Personen)

In einer Schüssel verrührst du die Milch mit dem frischgemahlenen Weizen- und Buchweizenmehl und gibst Vollmeersalz, Honig, Ei, Delifrut und Hefe dazu.

Dieser Teig muß nun 30 Minuten quellen. Dann schneidest du das Obst in feine Scheibchen und rührst es mit den Rosinen unter den Teig.

In einer kleinen Pfanne läßt du eine Scheibe Butter zerlaufen und gibst ca. 1/2 – 1 Schöpfer Teig in die Pfanne. Rühre vorher immer im Teig um, damit Obst und Mehl gleichmäßig verteilt sind. Die Herdeinstellung ist 2, wenn 3 die höchste Stufe ist. Während des Backens schiebst du die Pfanne öfters hin und her, damit sich der Pfannkuchen löst. Ist er auf der Unterseite hell gebacken, legst du ein kleines Eckchen Butter auf, drehst ihn mit der Backschaufel um und bäckst ihn auf der anderen Seite.

In der vorgewärmten Röhre (100 Grad) legst du ihn auf eine Platte, bis alle anderen auch gebakken sind. Die Teigmenge ergibt 8 Pfannkuchen.

Zutaten

3/8 l Milch
125 g Weizenvollkornmehl
2 EL Buchweizen
1/2 TL Vollmeersalz
1 EL Honig
1 Ei
1/2 TL Delifrut
1/2 Würfel Hefe (20 g)
500 g Äpfel oder Birnen oder
   Bananen
2 EL Rosinen
Butter zum Ausbacken

Geräte

Rührschüssel
Schneebesen
Getreidemühle
Teelöffel
Eßlöffel
Holzbrett
Küchenmesser
kleine Pfanne
Backschaufel
Porzellanplatte

122

Hirsebrei

(für 2 Personen)

Setze das Wasser zu, gib die Vanillestange, die Zimtstange und das Salz hinein. Wenn es kocht, läßt du die Hirse hineinlaufen, rührst um, läßt sie bei geschlossenem Topf 10 Minuten leicht kochen und bei kleiner Hitze 15 Minuten quellen.

Mit einem Schneebesen rührst du die Sahne und den Honig unter und gießt den Brei zum Servieren in eine Schüssel.

Dazu paßt Kompott aus rohem Obst (siehe S. 255).

Zutaten

1/2 l Wasser
3 cm Vanillestange
3 cm Zimtstange
1 MS Vollmeersalz
150 g Hirse

100 g Sahne (1/2 Becher)
1 EL Honig

Geräte

kleiner Kochtopf
Küchenmesser
Meßbecher
Kochlöffel
Schneebesen
Eßlöffel
Schüssel zum Servieren

Kartäuser-Klöße mit roter Fruchtsauce

(für 2 Personen)

Reibe die frischen Vollkornbrötchen auf einem Reibeisen ringsherum ab, damit die ganze Kruste weg ist. Die abgeriebenen Semmelbrösel stellst du einstweilen beiseite.

Verrühre in einer Schüssel mit großem Boden mit einem Schneebesen Milch, Ei, Honig, Vanille und Zimt. Schneide jedes Brötchen einmal senkrecht durch und lege alle in die Milchsauce.

Nach einigen Minuten wendest du die Brötchen, damit sie sich von allen Seiten vollsaugen, im ganzen etwa 20 Minuten.

Erhitze nun in einer großen Pfanne die Butter (Herdeinstellung 2, wenn 3 die höchste ist), nimm die Brötchen aus der Milch, wende sie in den abgeriebenen Semmelbröseln und lege sie ins heiße Fett. Brate sie langsam auf allen Seiten an, Gesamtbratzeit ca. 10 Minuten. Lege sie auf eine Platte und serviere sie mit roter Sauce.

Rote Fruchtsauce

Wasche und schneide die Erdbeeren oder Himbeeren, gib den Honig dazu und lasse sie stehen, daß sie Saft ziehen.

Dann mixt du sie und füllst sie in einen kleinen Krug oder eine Sauciere.

Zutaten

5 Vollkornbrötchen
1/4 l Milch
1 Ei
2 EL Honig
1 MS Vanille
1 TL Zimt
20 g Butter
400 g reife Erdbeeren oder Himbeeren, frisch oder tiefgekühlt
1 – 2 TL Honig

Geräte

Reibeisen
Schüssel
große Schüssel
Schneebesen
Meßbecher
Küchenmesser
Schneidbrettchen
Eßlöffel
große Pfanne
Backschaufel
Gabel
Teelöffel

Polnische Quarkknödel

(für 2 Personen)

Mit einem Schneebesen rührst du die Butter glatt, rührst das Ei, Honig und den Schichtkäse (= trockener Quark) nacheinander dazu. Mit einem Kochlöffel rührst du nun das frischgemahlene Weizenvollkornmehl und das Vollmeersalz darunter und läßt diesen Quarkteig 15 Minuten quellen.

Gib Wasser und Salz in einen Topf und stelle ihn auf die Kochplatte. Bringe den Inhalt zum Kochen. In das leicht kochende Wasser tauchst du einen Eßlöffel kurz ein und stichst damit vom Quarkteig einen länglichen Knödel ab. Tauche nun den Eßlöffel erneut in das leicht kochende Wasser, bis der Knödel von selbst in das Wasser gleitet. So machst du es weiter, bis alle Knödel geformt und eingelegt sind. Die angegebene Menge ergibt ca. 12 Knödel.

Lasse die Knödel 5 Minuten leicht kochen und 5 Minuten ziehen. Dann hebst du sie mit einem Sieblöffel auf eine vorgewärmte Platte.

Zu den Quarkknödeln reichst du Vanillesauce (siehe S. 76).

Zutaten

25 g Butter
1 kleines Ei
1 EL Honig
250 g Schichtkäse
100 g Weizenvollkornmehl
1 MS Vollmeersalz

1 1/2 l Wasser
1 TL Vollmeersalz

Geräte

Schneebesen
kleine Rührschüssel
Eßlöffel
Getreidemühle
Kochlöffel
mittelgroßer Kochtopf
Meßbecher
Sieblöffel
vorgewärmte Platte
Teelöffel

Quarkauflauf

(für 2 Personen)

Stelle das Wasser mit Vollmeersalz zu, und lasse, wenn es kocht, den Grieß aus einer Tasse hineinlaufen. Dabei rührst du mit der anderen Hand mit dem Schneebesen gut um. Lasse den Grießbrei 2 Minuten kochen und danach abkühlen.

Die Butter rührst du mit dem Schneebesen in einer Schüssel glatt und wiegst den Honig dazu. Eidotter, Vanille, abgeriebene Zitronenschale, Schichtkäse (= trockener Quark) und den abgekühlten Grießbrei nacheinander dazurühren. Zum Schluß den geschlagenen Eischnee unterziehen.

In einer gefetteten, gebröselten Auflaufform verteilst du die Quarkmasse und bäckst sie 50 – 60 Minuten auf der untersten Schiene bei 200 Grad, Gas Stufe 4.

Dazu kannst du Kompott aus rohem Obst (siehe S. 255) reichen.

Zutaten

$1/4$ l Wasser
1 MS Vollmeersalz
50 g Vollkorngrieß

25 g Butter
75 g Honig
1 Eidotter
2 MS Vanille
Schale von $1/2$ Zitrone,
   unbehandelt
250 g Schichtkäse
1 Eischnee

Geräte

Tasse
Meßbecher
kleiner Topf
Schneebesen
Rührschüssel
Eßlöffel
Küchenmesser
Reibeisen
Rührgerät
Auflaufform
Teigschaber
Pinsel

Quarklaibchen

(für 2 Personen)

Die gekochten Kartoffeln läßt du abkühlen und schälst sie. Auf einer Gitterreibe dann fein reiben.

Mit Schichtkäse, Ei, frischgemahlenem Weizenvollkornmehl, Vollmeersalz, Zimt, abgeriebener Zitronenschale und gewaschenen Rosinen zu einem Teig kneten. Mit feuchten Händen formst du etwa 10 Laibchen und legst sie auf einen Teller.

In einer Pfanne zerläßt du eine Scheibe Butter (Herdeinstellung 2, wenn 3 die höchste Stufe ist, bei Gas stellst du die Flamme zwischen groß und klein). Gib die Laibchen hinein, backe sie 3 – 5 Minuten hellbraun, wende sie um und backe sie auch auf der anderen Seite.

Nach dem Backen bestreust du sie hauchdünn mit Zimt.

Dazu reichst du rote Fruchtsauce (siehe S. 124) oder rohes Apfelmus (siehe S. 261) oder rohes Zwetschgenmus (siehe S. 263).

Zutaten

400 g gekochte Kartoffeln
200 g Schichtkäse (Quark)
1 Ei
50 g Weizenvollkornmehl
2 MS Vollmeersalz
2 MS Zimt
Schale von 1/2 Zitrone, unbehandelt
80 g Rosinen, ungeschwefelt
2 Scheiben Butter zum Ausbacken
Zimt zum Bestreuen

Geräte

Küchenmesser
Gitterreibe
Schüssel
Getreidemühle
feines Reibeisen
Sieb
Teller
Pfanne
Backschaufel

Schlummerapfel

Mische unter das frischgemahlene Weizenvollkornmehl Vollmeersalz und Zimt.

Das Ei schlägst du in einer Tasse gut mit einer
Gabel durch, gibst 2/3 davon zum Mehl und stellst
den Rest auf die Seite, zum Bestreichen der fertigen Äpfel.

Rühre den Quark, Honig und die kleingeschnittene Butter mit einem Kochlöffel zu dem Mehl und
knete dann mit der Hand alles fest zusammen. Der
Teig muß jetzt 1/2 Stunde ruhen.

Inzwischen machst du die Füllung:

Reibe die Haselnüsse mit einer Nußmühle fein und
vermische sie mit Honig und den Rosinen.

Schäle nun die Äpfel im ganzen ab. Lege sie auf
ein Holzbrett und stich mit dem Apfelausstecher
das Kernhaus heraus. Am besten, du stichst einmal von oben und dann nochmals von unten, damit wirklich alles gut heraußen ist. In die entstandenen Löcher füllst du die Nußpaste.

Zutaten

4 große Äpfel
200 g Weizenvollkornmehl
1 MS Vollmeersalz
1/2 TL Zimt
1 Ei
1 EL Magerquark
1 EL Honig
40 g Butter

Füllung:

40 g Haselnüsse
1 EL Honig
1 EL Rosinen, ungeschwefelt

Schneide den Teig in 4 Teile und walke auf einer bemehlten Arbeitsfläche mit dem Nudelholz jedes Teil aus. Lege einen Apfel darauf und drücke den Teig fest an den Apfel, so daß er ganz in den Teig eingewickelt ist. Stelle nun die fertigen Äpfel in eine leicht gefettete Springform, bestreiche sie mit dem zurückgelassenen Ei und schiebe sie in den vorgeheizten Ofen.

Bei 180 Grad auf der unteren Schiene werden sie ca. 45 Minuten gebacken.

Nimm sie vorsichtig mit Topflappen heraus und hebe die Schlummeräpfel mit der Backschaufel auf eine Platte. Sie schmecken warm als Mittagessen oder auch kalt sehr fein.

Geräte

Getreidemühle
Schüssel
Küchenmesser
Teelöffel
Tasse
Gabel
Eßlöffel
Kochlöffel
Schüssel
Nußmühle
Holzbrett
Apfelausstecher
Nudelholz
Springform
Backpinsel
Backschaufel
Platte

Schneewittchen-Auflauf

Halbiere die Brötchen und schneide sie in feine Scheiben. Erwärme die Milch und verrühre darin mit einem Schneebesen Eidotter, Honig, Kakao und Zimt. Gieße das Gemisch über die Brötchen, reibe die Zitronenschale darüber, presse den Saft aus der Zitrone und gib ihn dazu. Nun knetest du den Teig mit der Hand gut durch.

Die Kirschen waschen, entstielen und unter den Teig rühren. Den Teig in eine gut gefettete Auflaufform streichen und bei 200 Grad auf der 2. Schiene von unten 35 Minuten backen.

Eiweiß steif schlagen und den Honig unterziehen. Die heiße Auflaufform vorsichtig mit Topflappen aus der Röhre nehmen und auf einen Untersetzer stellen. Den Eischnee darauf verteilen und die Auflaufform nochmals für 5 – 7 Minuten in die Röhre stellen, bis der Schnee ganz leicht gebräunt ist.

Zutaten

5 Vollkornbrötchen (250 g)
1/4 l Milch
2 Eidotter
75 g Honig
1 EL Kakao
1 TL Zimt
Saft und Schale von
    1/2 Zitrone, unbehandelt
500 g Kirschen
2 Eiweiß
1 EL heller Honig

Geräte

Schneidbrettchen
Küchenmesser
Schüssel
Meßbecher
kleiner Topf
EBlöffel
Teelöffel
Schneebesen
feines Reibeisen
Zitronenpresse
Auflaufform
Backpinsel
Elektroquirl
Untersetzer
Topflappen

Du kannst dein Brot selbst backen

Dreikornbrot

Gib die ganzen Haferkörner in eine Schüssel und übergieße sie mit kochendem Wasser. Decke einen Teller darauf und lasse sie über Nacht, ca. 12 Stunden, quellen.

Das frischgemahlene Weizen- und Roggenvollkornmehl gibst du in eine große Backschüssel und drückst in die Mitte eine Vertiefung. Die Hefe verrührst du in dem lauwarmen Wasser (Fingerprobe), bis sie sich gelöst hat, und gießt sie in die Mitte der Backschüssel. Mit einem Kochlöffel rührst du nun nach und nach vom Rand her Mehl unter die Hefe, so daß ein dicker Brei entsteht.

Dieser Brei heißt Vorteig. Streue etwas Mehl darüber und lasse ihn gehen.

Nach ca. 15 Minuten ist er hochgestiegen und du kannst den Quark, das Vollmeersalz und die gequollenen Haferkörner samt dem Einweichwasser dazugeben. Verrühre zuerst alles mit dem Kochlöffel, und dann darfst du mit der Hand in den Teig.

Stelle die Schüssel auf ein feuchtes Tuch, daß sie nicht wegrutscht, und knete den Teig 10 Minuten. Das ist eine lange Zeit, aber es lohnt sich. Wenn du nicht genug knetest, bröselt das Brot später beim Aufschneiden. Wenn der Teig sehr an der Hand klebt, tauche sie kurz in eine Schüssel Wasser, die du dir neben die Teigschüssel stellst, und knete dann weiter. Dieser Teig heißt Hauptteig.

Danach bestreust du den Teig von allen Seiten mit Weizenvollkornmehl, deckst ihn mit einem Tuch ab und läßt ihn 2 Stunden gehen. Der Teig soll zum Gehen an einem warmen Ort stehen.

Wenn er schön hochgestiegen ist, knetest du ihn auf einer bemehlten Arbeitsfläche nochmals fest

Zutaten

300 g Sprießkornhafer
1/2 l kochendes Wasser

600 g Weizenvollkornmehl
300 g Roggenvollkornmehl
80 g Hefe
1/4 l lauwarmes Wasser

300 g Magerquark
1 gehäufter EL Vollmeersalz

Streumehl

Geräte

Schüssel
kleiner Kochtopf
Meßbecher
flacher Teller
Getreidemühle
große Backschüssel
Kochlöffel
Eßlöffel
Wasserschüssel
Teigschaber
Geschirrtuch
Springform (⌀ 26 cm)
Kuchengitter

durch. Dabei streust du immer wieder Mehl auf die Arbeitsfläche, daß der Teig nicht anklebt.

Fette nun eine Springform (ø 26 cm) ein und streue etwas Mehl hinein. Aus dem Teig formst du nun eine Kugel und legst diese in die Springform. Die Stelle, an der der Teig zusammenstößt, heißt der Teigschluß, und dieser kommt unten in die Form. Mit einem Tuch bedeckt, läßt du ihn an einem warmen Ort 1/2 Stunde gehen.

Dann schiebst du das gegangene Brot in den auf 250 Grad vorgeheizten Ofen auf die unterste Schiene. Nun bäckt das Brot 20 Minuten bei 250 Grad, dann stellst du zurück auf 180 Grad und bäckst es noch 1 Stunde weiter. Dann schaltest du den Herd ab und läßt es noch 10 Minuten bei Nachhitze backen.

Mit Topflappen nimmst du jetzt das Brot vorsichtig aus dem Ofen und stellst es auf ein Gitter zum Auskühlen. Nach einigen Minuten, wenn es nicht mehr so heiß ist, kannst du den Springformrand lösen und das Brot vom Springformboden heben. Auf dem Gitter läßt du das Brot bis zum nächsten Tag auskühlen.

Dir wird noch nie ein Brot so gut geschmeckt haben wie das selbstgebackene. Da kannst du sehr stolz darauf sein.

Französisches Stangenbrot

Gib das frischgemahlene Weizenvollkornmehl in eine Teigschüssel und drücke in die Mitte des Mehles eine Vertiefung. Verrühre die Hefe in dem lauwarmen Wasser, gieße es in die Mitte des Mehles und rühre vom Rand her so viel Mehl darunter, daß ein dicker Brei entsteht. Streue darüber etwas Mehl vom Rand her und lasse ihn 15 Minuten gehen.

Wenn der mittlere Teig hochgestiegen ist, gibst du das Salz hinzu, verrührst zuerst alles mit dem Kochlöffel und knetest dann den Teig mit der Hand 5 – 10 Minuten gut durch. Wenn die Hand klebt, tauchst du sie ins Wasser und knetest weiter. Danach bestreust du den Teig ringsherum mit Mehl und läßt ihn eine 3/4 Stunde gehen.

Zutaten

650 g Weizenvollkornmehl
40 g Hefe
1/2 l lauwarmes Wasser

2 TL Vollmeersalz
Streumehl

Geräte

Getreidemühle
Meßbecher
Kochlöffel
Teigschüssel
Wasserschüssel
Küchenmesser
Backblech
Pinsel
Geschirrtuch
Kuchengitter
Teelöffel

Auf einer bemehlten Arbeitsfläche knetest du den gegangenen Teig nochmals kurz durch und schneidest ihn in 3 Teile. Aus jedem Teil rollst du mit beiden Händen eine Stange, so lang wie das Backblech. Die 3 Stangen läßt du, mit einem Tuch bedeckt, auf der Arbeitsfläche 15 Minuten gehen. Dann drehst du sie um und hebst sie auf das gefettete Blech. Mit dem Backpinsel bestreichst du die Stangen mit Wasser, bestreust sie mit Sesam und schneidest sie mit dem Küchenmesser 4- bis 5mal schräg ein.

Bei 220 Grad auf der untersten Schiene oder bei Gas Stufe 5 bäckst du sie 25 Minuten. Zum Auskühlen legst du die Stangen auf ein Gitter. Frisch gebacken, leicht warm, kannst du sie mit Butter schon servieren.

Frühstücksbrot

Ein Brot zu backen ist einfacher, als einen Kuchen zu backen. Fang nur erst mal an, du wirst sehen, es kann nichts schiefgehen.

Das frischgemahlene Weizenvollkornmehl gibst du in eine Backschüssel und machst in die Mitte eine Vertiefung. Die Buttermilch erwärmst du ganz leicht (Fingerprobe), bröckelst die Hefe hinein und verrührst sie gut darin. Dann gießt du alles in die Mitte des Mehles und rührst mit dem Kochlöffel so viel Mehl vom Rand dazu, daß ein dicker Brei entsteht. Darüber streust du nun etwas Mehl vom Rand und läßt den Teig etwa 15 Minuten gehen.

Wenn der Teig hochgestiegen ist, gibst du das Vollmeersalz dazu und knetest alles gut zusammen. Diesen Teig mußt du nun 10 Minuten kneten, schaue dabei auf die Uhr. 10 Minuten sind eine lange Zeit, aber dafür wird das Brot um so schöner. Wenn du es zu kurz knetest, bröselt es beim Aufschneiden sehr. Klebt der Teig beim Kneten an der Hand, tauche sie zwischendurch ins Wasser und knete mit der nassen Hand weiter.

Nach dem Kneten mahlst du noch etwas Mehl, streust es über den Teig und läßt ihn, mit einem Tuch zugedeckt, eine 3/4 Stunde lang gehen. Nun nimmst du den Teig aus der Schüssel und knetest ihn auf einer bemehlten Arbeitsfläche nochmals kurz durch. Dann machst du eine 30 cm lange Rolle und legst sie in eine gefettete Kastenform. Mit einem Pinsel bestreichst du die Oberfläche des Teiges mit Wasser und bestreust sie mit Se-

Zutaten

650 g Weizenvollkornmehl
1/2 l Buttermilch
40 g Hefe

1 gehäufter TL Vollmeersalz
Streumehl
1 EL Sesam

136

sam. Zugedeckt läßt du ihn noch 15 Minuten gehen. Im vorgeheizten Backofen wird das Brot bei 220 Grad auf der 2. Schiene von unten 40 Minuten gebacken (bei Gas Stufe 5).

Mit Topflappen nimmst du die heiße Form aus dem Backofen. Nach ein paar Minuten, wenn sie nicht mehr ganz so heiß ist, stürzt du das Brot auf ein Gitter und drehst es wieder so herum, daß die mit Sesam bestreute Seite oben ist.

Am nächsten Tag kannst du das Brot anschneiden, es schmeckt mit Butter und kaltgerührter Marmelade herrlich zum Frühstück. Nach dem Frischkornbrei, versteht sich!

Geräte

Getreidemühle
Backschüssel
kleiner Kochtopf
Meßbecher
Kochlöffel
Teelöffel
Wasserschüssel
Geschirrtuch
Kastenform, 30 cm
Backpinsel
Eßlöffel
Kuchengitter

Mein erstes Brot

Gib das frischgemahlene Roggenvollkornmehl mit Kümmel und Koriander in eine große Backschüssel. Verrühre Honig und Hefe in warmem Wasser und gieße es in das Mehl. Mit einem Kochlöffel rührst du alles glatt. Decke nun die Schüssel mit einem großen Teller oder einer Platte zu und lasse sie 2 Stunden in der warmen Küche stehen. Der Teig wird sich in dieser Zeit verdoppeln.

Nun gibst du das frischgemahlene Weizenvollkornmehl dazu, löst das Salz im warmen Wasser auf und gießt es zum Teig. Mit der Hand greifst du nun durch den Teig und arbeitest Mehl und Wasser gut darunter. Der Teig ist nun fester geworden, und du kannst ihn noch kurz durchkneten. Du streichst ihn dann in der Schüssel glatt und bedeckst sie wieder mit einer Platte. Nach 2 Stunden ist der Teig wieder hochgestiegen.

Bemehle nun die Arbeitsfläche mit Streumehl und fette 2 Kastenformen (35 cm Länge) mit Butter oder Öl ein. Mit einem Teigschaber nimmst du die Hälfte des Teiges aus der Schüssel. Mit etwas Streumehl knetest du ihn kurz durch. Dann wird er zu einer Rolle geformt, in die Kastenform gelegt und glattgedrückt. Mit der anderen Teighälfte verfährst du ebenso.

Heize die Backröhre auf 250 Grad vor. Wenn die Temperatur erreicht ist und das Brot in der Kastenform schon etwas gestiegen ist, dann schneidest du es mit einem Küchenmesser der Länge nach ein und schiebst es auf der untersten

Zutaten

800 g Roggenvollkornmehl
1 EL Kümmel
1 EL Koriander
1 EL Honig
10 g Hefe (= $1/4$ Würfel)
1 l Wasser

800 g Weizenvollkornmehl
4 TL Vollmeersalz
$1/4$ l Wasser

ca. 50 g Streumehl

Geräte

Getreidemühle
große Backschüssel
Meßbecher
Eßlöffel
Küchenmesser
Kochlöffel
Teelöffel
großer Teller
2 Kastenformen (35 cm Länge)
Backpinsel
Wassergefäß
Topflappen
Kuchengitter
Teigschaber

Schiene in die Backröhre. Nach 20 Minuten drehst du die Backtemperatur auf 180 Grad zurück und läßt das Brot noch 1 Stunde backen. Dann schaltest du die Röhre aus und beläßt das Brot noch 10 Minuten dort. Mit Topflappen nimmst du die heißen Formen aus der Röhre und stellst sie auf ein Gitter. Nach ca. 15 Minuten kannst du das Brot aus der Kastenform stürzen.

Am nächsten Tag kannst du dein Brot dann anschneiden.

Walliser Nußbrot

Das frischgemahlene Weizen- und Roggenvollkornmehl gibst du in eine große Backschüssel
und machst in der Mitte eine Vertiefung.

Erwärme die Buttermilch ganz leicht (Fingerprobe),
bröckle die Hefe hinein und verrühre sie darin.
Gieße die Milch nun in die Mitte des Mehles und
rühre mit einem Kochlöffel vom Rand her so viel
Mehl dazu, daß ein dicker Brei entsteht. Streue
vom Rand her dünn Mehl darüber und lasse den
Teig 15 Minuten gehen.

Wenn der mittlere Teig hochgestiegen ist, gibst du
das Wasser, Vollmeersalz und die Walnußkerne
dazu und verrührst alles zuerst mit dem Kochlöffel,
dann kannst du mit der Hand fest kneten, 10 Minuten lang solltest du es schon durchhalten. Das
Brot wird dafür sehr schön. Wenn der Teig klebt,
tauchst du deine Hand in die Wasserschüssel, die

Zutaten

700 g Weizenvollkornmehl
500 g Roggenvollkornmehl
1/2 l Buttermilch
80 g Hefe (2 Würfel)

1/2 l Wasser
2 gestrichene EL Vollmeersalz
200 g Walnußkerne

Streumehl

Geräte

Getreidemühle
große Backschüssel
Meßbecher
Milchtopf
Kochlöffel
Eßlöffel
Wasserschüssel
Geschirrtuch
Springform (ø 26 cm)
Küchenmesser

du dir neben die Backschüssel stellst. Nach dem Kneten bestreust du den Teig rundherum mit Mehl, deckst ein Tuch über die Schüssel und läßt ihn 2 Stunden gehen.

Nun knetest du den Teig auf einer bemehlten Arbeitsfläche nochmals kurz durch und legst ihn in eine gefettete Springform. Der Teigschluß, das ist dort, wo der Teig zusammenstößt, kommt unten in die Form. Der Teig muß jetzt nochmals 30 Minuten gehen. Dann schneidest du ihn mit einem scharfen Küchenmesser kreuzweise ein, ca. $1/2$ – 1 cm tief, und schiebst ihn in den Ofen.

Bei 250 Grad (Gas Stufe 5 – 6), unterste Schiene, bäckt er 20 Minuten, dann 60 Minuten bei 180 Grad (Gas Stufe 4) und 10 Minuten bei Nachhitze. Nimm das Brot vorsichtig mit Topflappen aus dem Ofen und stelle es auf ein Gitter.

Nach ein paar Minuten kannst du die Springform öffnen und es aus der Form nehmen. Schneide es erst am nächsten Tag an. Mit Butter bestrichen ist es ein wahrer Gaumenschmaus.

Das Brot wiegt gut 2 Kilo.

Pikantes Kleingebäck

Faschingsmasken

Gib das frischgemahlene Weizenvollkornmehl mit Kümmel und Koriander in eine Schüssel und drücke in die Mehlmitte eine Vertiefung. Löse die Hefe in lauwarmem Wasser auf, verrühre sie in der Mehlmitte zu einem dicken Brei, bestäube ihn mit Mehl und lasse ihn 15 Minuten gehen.

Verrühre das Salz im Wasser, gib es zum gegangenen Teig und knete ihn mit der Hand 5 Minuten durch. Forme aus dem Teig eine Kugel, gib in die Schüssel 2 EL Öl und wälze die Teigkugel darin. Zugedeckt läßt du sie 45 Minuten gehen.

Teile den gegangenen Teig auf der Arbeitsfläche in 2 gleich große Teile für 2 Masken.

Von einem Teil schneidest du 6 Stücke in Eßlöffelgröße, 4 Stücke in Teelöffelgröße und 2 Stücke in Haselnußgröße ab. Bestreiche das Backblech mit Öl und walke darauf den Teigrest in ovaler Form als Gesicht (35 × 25 cm) aus.

Aus den eßlöffelgroßen Teigstückchen drehst du 4 Kugeln, formst ein Stück zu einer Tropfenform als Nase, und eines drückst du zu einer großen Zunge. Zwei der Kugeln setzt du als Augen auf das Gesicht, die anderen beiden Kugeln werden zu Gesichtsbacken: Mit einer Backschaufel hebst du das Teiggesicht in Wangenhöhe rechts und links etwas an und schiebst je eine Kugel als (dicke) Backe darunter. Die tropfenförmige Nase setzt du in die Mitte des Gesichts.

Zutaten

750 g Weizenvollkornmehl
2 TL Kümmel
1/2 TL Koriander, gemahlen
40 g Hefe
1/4 l Wasser

1 leicht gehäufter TL
    Vollmeersalz
1/4 l Wasser
2 EL Sonnenblumenöl,
    kaltgepreßt

Zum Verzieren:
Kümmel
Mohn
Sesam
Paprika, süß

Sonnenblumenöl für das
    Backblech

Mit einem Teigrädchen schneidest du den Mund ein und ziehst ihn etwas auseinander.

Aus den teelöffelgroßen Teigstückchen formst du 2 kürzere Stängchen und legst sie als Augenbrauen über die Augen. Zwei Stücke formst du zu längeren Stängchen und legst sie als Lippen um den leicht geöffneten Mund. Mit der Backschaufel hebst du die Oberlippen etwas hoch und schiebst ein Stückchen der Zunge darunter, die restliche Zunge legst du so, daß sie aus dem Mund herausschaut.

Die haselnußgroßen Stücke drehst du zu Kugeln und setzt sie in die Augenmitte.

Bestreiche nun folgende Teile zuerst mit Wasser und bestreue sie dann wie folgt:

Augenbrauen	mit Kümmel
Augenmitte	mit Mohn
Nase	mit Sesam
Lippen	mit Paprika
Zunge	mit Paprika

Bei 220 Grad, oberste Schiene, bäckst du die Faschingsmaske 20 Minuten. In der Zwischenzeit formst du die zweite Maske wie beschrieben.

Hebe die Masken leicht erkaltet auf ein Kuchengitter und lasse sie auskühlen.

Geräte

Getreidemühle
Schüssel
Teelöffel
Meßbecher
Kochlöffel
Eßlöffel
Geschirrtuch
Küchenmesser
2 Backbleche
Backpinsel
Nudelholz
Backschaufel
Teigrädchen
Kuchengitter

Fladenbrot Expreß

Das frischgemahlene Weizenvollkornmehl verrührst du mit Wasser, Vollmeersalz und Öl. Dann läßt du den Teig 15 – 30 Minuten quellen.

Danach gibst du den Teig auf ein gefettetes Blech und verteilst ihn gleichmäßig. Du kannst ihn, ganz nach Geschmack, mit Sesam, Mohn oder Kümmel bestreuen.

Das Blech schiebst du in den vorgeheizten Ofen, mittlere Schiene, und läßt es ca. 20 Minuten bei 225 Grad backen. Wenn die Ränder braun werden, nimmst du das Blech vorsichtig heraus und schneidest das dünne Fladenbrot in ca. 12 Stücke. Mit einer Backschaufel wendest du die Stücke und läßt sie nochmals 5 – 10 Minuten rösch backken, dann nimmst du das Blech vorsichtig heraus.

Die Fladen kannst du, kurz abgekühlt, sofort essen. Mit Butter, Schnittlauch, Tomaten oder auch nur so zu Salaten oder Suppen schmecken sie bestens.

Zutaten

200 g Weizenvollkornmehl
$3/8$ l Wasser
1 TL Vollmeersalz
2 EL kaltgeschlagenes Öl
je 1 EL Sesam, Mohn und
    Kümmel

Geräte

Getreidemühle
Meßbecher
Eßlöffel
Schüssel
Schneebesen
Teigschaber
Backblech
Backpinsel
Messer
Backschaufel
Teelöffel

Käselaibchen

Gib das frischgemahlene Weizenvollkornmehl in eine Teigschüssel und mache in die Mitte des Mehles eine Vertiefung. Verrühre in lauwarmem Wasser die Hefe, gieße sie in die Mitte der Teigschüssel und rühre vom Rand so viel Mehl dazu, daß ein dicker Brei entsteht. Streue darüber etwas Mehl und lasse ihn ca. 15 Minuten gehen.

Auf einem Reibeisen reibst du den Käse fein; davon 2 gehäufte Eßlöffel beiseite stellen, du brauchst sie später zum Bestreuen der Käselaibchen.

Wenn der mittlere Teig hochgestiegen ist, gibst du Salz und Käse dazu und verrührst alles mit dem Kochlöffel. Dann knetest du den Teig mit der Hand 5 – 10 Minuten lang gut durch. Wenn der Teig an der Hand klebt, tauche diese kurz ins Wasser und knete weiter.

Nun bestreust du den Teig ringsherum mit Mehl und läßt ihn zugedeckt 45 Minuten gehen. Danach knetest du den Teig auf einer bemehlten Arbeitsfläche nochmals durch und schneidest ihn in 4 Teile. Aus jedem Teil rollst du eine Kugel, die du dann mit dem Nudelholz ca. 1 1/2 cm dick auswalkst. Lege sie auf ein gefettetes Blech, bestreiche sie mit Wasser, streue den zurückbehaltenen Käse darauf und lasse sie noch 10 Minuten gehen.

Backe sie bei 220 Grad 25 Minuten auf der untersten Schiene, bei Gas Stufe 5. Lege sie mit einer Backschaufel auf ein Gitter zum Auskühlen. Mit Butter bestrichen, kannst du alle damit begeistern.

Zutaten

450 g Weizenvollkornmehl
1/4 l Wasser
20 g Hefe (1/2 Würfel)
125 g Gouda, mittelalt
1 TL Vollmeersalz
Streumehl

Geräte

Getreidemühle
Teigschüssel
Meßbecher
Kochlöffel
Teelöffel
Eßlöffel
Wasserschüssel
Reibeisen
Geschirrtuch
Nudelholz
Backpinsel
Backblech
Backschaufel
Kuchengitter

145

Kaukasisches Fladenbrot

Das frischgemahlene Weizen- und Roggenvollkornmehl gibst du in eine Backschüssel und
machst in die Mitte eine Vertiefung. Die Sauermilch erwärmst du ganz leicht (Fingerprobe), brök-
kelst die Hefe hinein und verrührst sie gut darin.
Dann gießt du alles in die Mitte des Mehles und
rührst etwas Mehl vom Rand dazu, bis ein dicker
Brei entsteht. Nun streust du vom Rand dünn Mehl
darüber und läßt den Teig 15 Minuten gehen.

Wenn der Teig ganz hochgestiegen ist, gibst du
Vollmeersalz und Sonnenblumenkerne dazu und
verrührst zuerst alles mit dem Kochlöffel, dann
knetest du den Teig 5 – 10 Minuten durch. Wenn
der Teig klebt, tauchst du die Hand ins Wasser,
dann geht es besser.

Nach dem Kneten mahlst du noch etwas Mehl,
streust es über den Teig und läßt ihn, mit einem
Tuch zugedeckt, eine 3/4 Stunde gehen.

Nun nimmst du den Teig aus der Schüssel und
knetest ihn auf der Arbeitsfläche nochmals kurz
durch. Schneide ihn in 4 Teile, rolle jedes Teil zu
einer Kugel, walke diese mit dem Nudelholz 1 cm
dick aus, so daß 4 runde, flache Fladen entstehen.

Die Fladen legst du auf ein gefettetes Blech,
schneidest sie mit dem Messer gitterförmig ein
und läßt sie nochmals 15 Minuten gehen.

Im vorgeheizten Ofen bäckst du die Fladen bei
225 Grad (Gas Stufe 5) auf der mittleren Schiene
20 – 25 Minuten lang. Nach dem Backen müssen
sie auf einem Gitter auskühlen.

Zutaten

250 g Weizenvollkornmehl
100 g Roggenvollkornmehl
1/4 l Sauermilch
30 g Hefe
1 TL Vollmeersalz
50 g Sonnenblumenkerne,
   geschält
Streumehl

Geräte

Getreidemühle
Backschüssel
kleiner Kochtopf
Kochlöffel
Meßbecher
Teelöffel
Wasserschüssel
Geschirrtuch
Küchenmesser
Nudelholz
Backblech
Backpinsel

Knäckebrot

Das frischgemahlene Weizenvollkornmehl verrührst du mit Vollmeersalz und Milch. Die Butter
läßt du in einer kleinen Pfanne zerlaufen, fettest
damit das Backblech ein und gießt den Rest zum
Teig. Verknete ihn nun mit der Butter und lasse
ihn 15 Minuten ruhen.

Danach knetest du den Sesam in den Teig und
walkst ihn auf einem Backblech mit dem Nudelholz dünn aus. Unter das Backblech legst du ein
feuchtes Spültuch, damit es nicht wegrutscht.

Mit einer Gabel stichst du den ausgewalkten Teig
sehr oft ein. Dann fährst du mit dem Teigrädchen
5mal in Querrichtung und 2mal in Längsrichtung
über den Teig, so daß du 18 etwa gleich große
Stücke erhältst.

In der Backröhre, 4. Schiene von unten, bäckst
du sie bei 220 Grad ca. 20 Minuten. Dann nimmst
du mit Topflappen das Blech aus der Röhre und
legst die Knäckebrotstücke mit einer Backschaufel auf ein Kuchengitter zum Auskühlen.

Mit Butter bestrichen schmeckt das Knäckebrot
köstlich.

Zutaten

300 g Weizenvollkornmehl
1 TL Vollmeersalz
1/4 l Milch
40 g Butter
50 g Sesam

Geräte

Getreidemühle
Schüssel
Teelöffel
Meßbecher
Kochlöffel
kleine Pfanne
Backblech
Backpinsel
Nudelholz
Gabel
Teigrädchen
Topflappen
Kuchengitter
Backschaufel

Nußkipfchen

Gib das frischgemahlene Weizenvollkornmehl in eine Backschüssel und mache in die Mitte des Mehles eine Vertiefung.

Erwärme die Milch ganz leicht (Fingerprobe), bröckle die Hefe hinein, verrühre sie und gieße dies in die Mehlmitte.

Mit einem Kochlöffel rührst du vom Rand her so viel Mehl unter die Milch, daß ein dicker Brei entsteht. Streue vom Rand dünn Mehl darüber und lasse ihn 15 Minuten gehen.

Inzwischen läßt du die Nüsse durch eine Nußmühle mit großlochigem Einsatz, so daß diese nur grob zerkleinert sind.

Wenn der mittlere Teig hochgestiegen ist, gibst du das Wasser, Vollmeersalz und die Nüsse dazu. Nun knetest du den Teig 5 Minuten gut durch. Wenn der Teig an den Fingern klebt, dann tauche deine Hand ins Wasser und knete weiter.

Nach dem Kneten bestreust du den Teig rundherum mit Mehl, deckst ein Tuch darüber und läßt

Zutaten

400 g Weizenvollkornmehl
1/4 l Milch
20 g Hefe (1/2 Würfel)
75 g grobgehackte
    Haselnüsse
5 EL Wasser
1 TL Vollmeersalz

Streumehl

Geräte

Teigschüssel
Getreidemühle
Meßbecher
Kochlöffel
Milchtopf
Eßlöffel
Teelöffel
Wasserschüssel
Nußmühle mit
    Großlocheinsatz
Küchenmesser
Backblech
Geschirrtuch
Kuchengitter

ihn eine 3/4 Stunde gehen. Auf einer leicht bemehlten Arbeitsfläche knetest du ihn nochmals kurz
durch, formst eine Rolle und schneidest diese in
10 – 12 gleich große Teile. Aus jedem Teil rollst
du zuerst eine Kugel und rollst sie danach länglich, so daß ein Kipfchen entsteht. Diese legst
du auf ein leicht gefettetes Backblech und läßt
sie 10 Minuten gehen. Mit einem Küchenmesser
schneidest du die Kipfchen zweimal schräg ein,
1/2 cm tief, und schiebst sie in den Backofen.

Bei 220 Grad (Gas Stufe 5) bäckst du sie ca.
25 Minuten auf der mittleren Schiene. Auf einem
Kuchengitter läßt du sie auskühlen.

Party-Brötchen

In einer Schüssel mischst du das frischgemahlene Weizenvollkornmehl mit den feingeriebenen Haselnüssen und Salz. Die Hefe löst du im lauwarmen Wasser auf und rührst sie in das Mehl. Nun schneidest du die Butter in kleinen Stückchen darüber und knetest alles zu einem geschmeidigen Teig zusammen. Du solltest diesen ca. 10 Minuten kneten, damit die Brötchen später nicht bröseln. Mit einem Tuch bedeckt, läßt du den Teig 30 – 45 Minuten gehen, bis sich der Teig verdoppelt hat.

Auf einer Arbeitsfläche knetest du den Teig nochmals kurz durch. Streumehl brauchst du dazu nicht, denn er ist geschmeidig und fett. Du halbierst den Teig und formst aus jedem Teil eine Rolle. Jede Rolle teilst du wieder in 10 Teile. Aus diesen Teilen rollst du auf der Arbeitsfläche mit dem Handballen eine Kugel und legst sie mit dem Teigschluß (also dort, wo der Teig zusammenstößt) nach unten auf ein gefettetes Backblech. Mit einem Messer (oder Semmelstupfer) schneidest du sie kreuzförmig ein.

Zutaten

450 g Weizenvollkornmehl
50 g Haselnüsse
1 TL Vollmeersalz
40 g Hefe
1/4 l Wasser
100 g Butter

Geräte

Getreidemühle
Schüssel
Nußmühle
Teelöffel
Meßbecher
Eßlöffel
Küchenmesser
Geschirrtuch
Backblech
Backpinsel
Kuchengitter

Schiebe nun das Blech in die auf 100 Grad vorgeheizte Backröhre, 4. Schiene von unten, drehe
nach 10 Minuten die Temperatur auf 220 Grad und
backe danach 20 Minuten weiter. Dann nimmst du
das Blech vorsichtig mit Topflappen aus der Röhre.
Auf einem Kuchengitter läßt du das Blech mit den
Brötchen auskühlen.

Sie schmecken frischgebacken und auch noch
am nächsten Tag köstlich.

Toni und Vroni

Das frischgemahlene Weizenvollkornmehl gibst du in eine Backschüssel und machst in die Mitte eine Vertiefung. Die Milch erwärmst du ganz leicht (Fingerprobe), verrührst die Hefe darin und gießt sie in die Mitte des Mehles. Mit dem Kochlöffel rührst du vom Rand so viel Mehl dazu, daß ein dicker Brei entsteht. Bestäube ihn mit Mehl und lasse ihn 15 Minuten gehen.

Wenn der Teig hochgestiegen ist, gibst du Butter und Salz dazu, verrührst alles gut und knetest den Teig dann 5 Minuten gut durch. Bestreue ihn ringsherum mit Mehl und lasse ihn zugedeckt 45 Minuten gehen.

Auf einer bemehlten Arbeitsfläche walkst du den Teig 1/2 cm dick aus und stichst Männchen und Weibchen aus. Lege sie auf das gefettete Backblech, bestreiche sie mit Milch und bestreue sie.

Männchen:	Weibchen:
Kopf – Mohn	Kopf – Kümmel
Pulli – Sesam	Pulli – Mohn
Hose – Kümmel	Rock – Sesam

Bei 200 Grad (Gas Stufe 4), mittlere Schiene, bäckst du sie 20 – 25 Minuten.

Die angegebene Menge ergibt 10 – 12 Figuren, das sind 5 – 6 Pärchen.

An Geburtstagen oder bei Einladungen macht ihr damit allen eine Freude.

Zutaten

425 g Weizenvollkornmehl
1/4 l Milch
20 g Hefe (1/2 Würfel)
1 Scheibe Butter (20 g)
1 TL Vollmeersalz

Streumehl
1/2 Tasse Milch
4 EL Mohn
4 EL Sesam
4 EL Kümmel

Geräte

Getreidemühle
Teigschüssel
Milchtopf
Meßbecher
Kochlöffel
Küchenmesser
Teelöffel
Ausstechformen,
   Männchen und Weibchen
   12 – 15 cm
1 – 2 Backbleche
Backpinsel
Geschirrtuch

Zwiebelfladen

Das frischgemahlene Weizenvollkornmehl gibst du in eine Backschüssel und machst in der Mitte eine Vertiefung. Erwärme die Buttermilch ganz leicht (Fingerprobe), bröckle die Hefe hinein, verrühre sie und gieße sie in die Mitte des Mehles. Nun rührst du vom Rand her etwas Mehl unter die Milch, bis ein dicker Brei entsteht. Streue vom Rand her dünn Mehl darüber und lasse den Teig 15 Minuten gehen.

Inzwischen schälst du die Zwiebeln, schneidest sie in grobe Würfel, ca. 1/2 cm dick, und bestreust sie hauchdünn mit Kräutersalz. In einer Pfanne zerläßt du die Butter (Herdeinstellung 2, wenn 3 die höchste ist), gibst die Zwiebeln hinein und wendest sie mit der Backschaufel und Gabel ständig, bis sie glasig aussehen (ca. 5 Minuten). Stelle sie auf die Seite und lasse sie auskühlen.

Wenn der mittlere Teig hochgestiegen ist, gibst du das Salz und die Zwiebeln dazu, verrührst alles mit dem Kochlöffel und knetest anschließend den Teig 5 – 10 Minuten gut durch. Wenn der Teig an den Händen klebt, tauchst du sie kurz ins Wasser und knetest weiter.

Zutaten

450 g Weizenvollkornmehl
1/4 l Buttermilch
20 g Hefe (1/2 Würfel)

200 g Zwiebeln
1 MS Kräutersalz
1 Scheibe Butter
1 TL Vollmeersalz
Streumehl

Geräte

Meßbecher
Getreidemühle
Teigschüssel
Milchtopf
Wasserschüssel
Kochlöffel
Küchenmesser
Holzteller
Pfanne
Backschaufel
Gabel
Geschirrtuch
Backblech
Nudelholz
Schere

154

Nach dem Kneten bestreust du den Teig rundherum mit Mehl, deckst ein Tuch darüber und läßt
ihn eine 3/4 Stunde gehen.

Nun knetest du den Teig auf einer bemehlten Arbeitsfläche nochmals kurz durch und schneidest
ihn in 4 Teile. Aus jedem Teil machst du eine Kugel,
die du dann mit dem Nudelholz 1 cm dick auswalkst, so daß 4 runde flache Fladen entstehen.
Lege sie auf ein gefettetes Backblech, schneide
sie mit einer Schere rundherum einige Male 2 cm
tief ein und lasse sie nochmals 15 Minuten gehen.

Im vorgeheizten Ofen bäckst du sie bei 225 Grad
(Gas Stufe 4 – 5) auf der mittleren Schiene 20 – 25
Minuten lang. Nimm sie mit einer Backschaufel
vom Blech und lasse sie auf einem Gitter auskühlen.

Du kannst sie schon leicht warm, mit Butter bestrichen, essen.

Zigeunerkrapfen

Du bereitest den Brandteig wie auf Seite 174 beschrieben zu. Auf ein gut gefettetes Backblech setzt du aus dem Teig mit einem Teelöffel 20 – 24 kleine Häufchen = Krapfen.

Im gut vorgeheizten Backofen bäckst du sie auf der 2. Schiene von unten ca. 25 Minuten bei 200 Grad. Die ersten 15 Minuten das Rohr nicht öffnen. Auf einem Kuchengitter läßt du sie auskühlen.

Füllung: Verrühre in einer Schüssel den Frischkäse mit Schichtkäse, Tomatenmark, Paprika und Kräutersalz. Die Paprikaschoten schneidest du zuerst in dünne Streifen und daraus in kleine Würfel. Die Zwiebeln ebenfalls klein würfeln und beides zur Füllung rühren.

Die ausgekühlten Krapfen schneidest du wie eine Semmel auf, verteilst die Füllung auf den unteren Hälften und legst den Deckel wieder auf.

Auf einer Platte stellst du sie in den Kühlschrank, bis deine Gäste kommen.

Zutaten

Brandteig siehe S. 174

Füllung:
125 g Doppelrahm-
  Frischkäse
250 g Schichtkäse
  (fester Quark)
3 EL Tomatenmark
1 TL Paprika
1 TL Kräutersalz
200 g grüne Paprikaschoten
100 g rote Zwiebeln

Geräte

Backblech
Backpinsel
Teelöffel
Kuchengitter
Schüssel
Eßlöffel
Kochlöffel
Schneidbrettchen
Küchenmesser
Platte

Kuchenbäckers Lieblingsrezepte

**. . . backe bitte lauter Liebe
in den Kuchen mit hinein . . .**

Apfelkuchen

Gib das frischgemahlene Weizenvollkornmehl in
eine Teigschüssel und drücke in die Mehlmitte
eine Vertiefung. Verrühre die Hefe in lauwarmem
Wasser und gieße sie in die Vertiefung. Rühre nun
vom Rand her etwas Mehl so dazu, daß ein dicker
Brei entsteht. Dünn mit Mehl bestreut, läßt du ihn
15 Minuten gehen.

In einer kleinen Pfanne läßt du die Butter zerlaufen und gibst sie mit dem Honig zum gegangenen Teig. Mit einem feinen Reibeisen reibst du
die halbe, gewaschene Zitronenschale hinein und
gibst noch Salz dazu. Knete nun alles einige Minuten zu einem glatten Teig. Bestreue ihn leicht mit

Mehl, und lasse ihn, mit einem Tuch bedeckt, etwa 30 Minuten gehen.

Schäle die Äpfel, schneide sie in Viertel und nehme das Kernhaus heraus. Schneide sie nochmals durch, so daß du Achtel hast. Presse die halbe Zitrone aus, gib den Saft in einen Teller und wälze die Apfelschnitze darin.

Den gegangenen Teig knetest du nochmals kurz durch und drückst ihn mit den Händen glatt in eine gefettete Springform. Am Rand drückst du den Teig mit dem Finger 1 cm hoch.

Nun belegst du den Teigboden kreisförmig mit den vorbereiteten Apfelschnitzen. Zerlasse nun die Butter in einer kleinen Pfanne und bestreiche damit die Apfelschnitze mit dem Backpinsel. Streue darauf die gewaschenen Rosinen und grobgehackten Nüsse.

Im vorgeheizten Ofen bäckst du den Kuchen ca. 35 Minuten bei 200 Grad auf der 2. Schiene von unten.

Stelle ihn zum Auskühlen auf ein Gitter und nimm ihn danach aus der Springform.

Zutaten

Teig:
300 g Weizenvollkornmehl
20 g Hefe (= 1/2 Würfel)
1/8 l Wasser

50 g Butter
50 g Honig
Schale von 1/2 Zitrone,
   unbehandelt
1 MS Vollmeersalz

Belag:
600 g Äpfel (z.B. Boskoop)
Saft von 1/2 Zitrone,
   unbehandelt
25 g Butter
50 g Rosinen, ungeschwefelt
30 g Wal- oder Haselnüsse

Geräte

Getreidemühle
Teigschüssel
Meßbecher
Kochlöffel
kleine Pfanne
Eßlöffel
Reibeisen
Küchenmesser
Kartoffelschäler
Zitronenpresse
Teller
Springform (ø 26 cm)
Backpinsel
Kuchengitter
Geschirrtuch
Schneidbrettchen

Apfelmuskuchen

Mische in einer Schüssel das frischgemahlene Weizenvollkornmehl mit Backpulver, Vollmeersalz und Zimt. Wiege nun die Schüssel, lasse 80 g Honig dazulaufen, schneide die kalte Butter darüber und gib das Ei dazu. Verrühre nun alles zuerst mit dem Kochlöffel und knete es dann mit der Hand zu einem Teig zusammen. Er ist zuerst ganz bröselig, wird aber durch das Kneten ganz geschmeidig. Der Teig muß nun eine halbe Stunde ruhen.

Jetzt schneidest du die Äpfel in Viertel und schneidest das Kernhaus heraus. Die Äpfel schälst du nur, wenn die Schalen sehr hart und runzlig sind.

Den Teig teilst du nun, zwei Drittel brauchst du für den Boden, ein Drittel für die Gitter. Breite den Teig mit den Händen in die ungefettete Springform (∅ 26 cm) und drücke einen 2 cm hohen Rand hinauf.

Den kleineren Teil walkst du auf einer leicht bemehlten Arbeitsfläche länglich aus und schneidest mit dem Teigrädchen 10 Streifen daraus.

Die Äpfel reibst du mit der Küchenmaschine ganz fein, mischst Honig und Delifrut darunter und streichst das Mus auf den Teigboden. Mit einem langen Messer hebst du die Teigstreifen auf das

Zutaten

350 g Weizenvollkornmehl
1 TL Backpulver
1 MS Vollmeersalz
1 gehäufter TL Zimt
80 g Honig
100 g Butter
1 Ei

1000 g Äpfel
1 EL Honig
2 MS Delifrut
Streumehl

Geräte

Getreidemühle
Backschüssel
Teelöffel
Küchenmesser
Kochlöffel
Springform (∅ 26 cm)
Nudelholz
Teigrädchen
Küchenmaschine mit
  Reibetrommel
  oder Rohkostreibe
Eßlöffel
Kuchengitter
Kuchenretter oder Pappteller
Kuchenplatte

Mus, 5 Streifen in einer Richtung, die anderen quer darüber, so daß Gitter entstehen.

Der Kuchen wird nun im vorgeheizten Ofen bei 200 Grad (bei Gas Stufe 4) auf der mittleren Schiene 30 – 35 Minuten gebacken. Mit Topflappen nimmst du den fertigen Kuchen heraus und stellst ihn auf ein Gitter zum Abkühlen. Erst wenn er kalt ist, löst du mit einem kleinen Messer vorsichtig den Kuchenrand von der Springform und öffnest diese. Schiebe nun einen Pappteller oder Kuchenretter unter den Kuchen und lasse ihn auf eine Porzellanplatte gleiten.

Du kannst nun Tee und geschlagene Sahne dazu reichen.

Geburtstagsrolle

Nimm ein Backblech, fette es mit Butter und lege darauf Butterbrotpapier. Fette nun das Butterbrotpapier gut ein und streue die Vollkornsemmelbrösel darüber. Heize die Röhre auf 225 Grad (Gas 4 – 5) vor, mahle den Weizen, mische das Mehl mit Backpulver und wiege den Honig ab.

Trenne nun vorsichtig die Eier, gib das Eiweiß in eine Rührschüssel und die Eidotter in eine Tasse. Gib nun zum Eiweiß das Wasser und rühre es mit einem elektrischen oder Handrührgerät steif. Nun gibst du Honig und Eidotter dazu und rührst 1 Minute weiter. Mit einem Schneebesen hebst du das frischgemahlene Weizenvollkornmehl unter die Schaummasse.

Verteile diesen lockeren Teig rasch auf dem vorbereiteten Backblech und schiebe ihn gleich ein. Bei 225 Grad, mittlere Schiene, ca. 10 Minuten backen (Gas Einstellung 4 – 5).

Auf einer Arbeitsfläche breitest du ein großes Geschirrtuch aus und stellst eine Tasse kaltes Wasser mit Backpinsel bereit.

Wenn der Teig hell- bis mittelbraun gebacken ist, nimmst du mit Topflappen vorsichtig das Blech aus der Röhre und stürzt es auf das Geschirrtuch. Stelle das Blech beiseite und ziehe das Papier vom Teig. Wenn es nicht gut abgeht, dann bestreiche es mit kaltem Wasser und ziehe es dann ab. Rolle

Zutaten

1 Scheibe Butter (20 g)
4 EL Vollkornsemmelbrösel

4 Eier
4 EL kaltes Wasser
125 g Honig
125 g Weizenvollkornmehl
1 MS Backpulver

Füllung:
500 g Erdbeeren oder
   Himbeeren oder Ananas
1/4 l Sahne
2 EL Honig
2 MS Delifrut

1/4 l Sahne zum Verzieren
1/2 TL Kakao oder Karobe

nun den Teig *mit* dem Geschirrtuch auf. Nach etwa einer Stunde ist der Teig abgekühlt, und du kannst ihn füllen.

Füllung:

Die Erdbeeren oder Himbeeren waschen, abtropfen und entstielen, die Erdbeeren in Scheibchen schneiden. Die Ananas teilen, den mittleren Strunk und die Schale mit einem gezackten Messer wegschneiden und zuerst in Streifen und dann in kleine Stückchen schneiden.

Die Sahne steif schlagen, Honig und Delifrut dazugeben und kurz weiterschlagen. Die gesüßte Sahne unter das vorbereitete Obst geben.

Rolle das Geschirrtuch auf und bestreiche den Teig mit der Füllung.

Nimm nun eine längliche Platte und stelle sie ganz dicht an die Längsseite des bestrichenen Teiges, oder hebe sie ein wenig unter den Teig. Nun hebst du das Tuch auf, so daß der Teig sich mit der Füllung zusammenrollt. Mit Hilfe des Tuches schiebst du ihn gleich auf die Kuchenplatte.

Nun stellst du die Rolle ca. 1 Stunde kühl.

Mit der steifgeschlagenen Sahne bestreichst du die Rolle auch am Anfang und Ende und bestreust sie mit Hilfe eines Teesiebes ganz fein mit Kakao. Darauf spritzt du nun mit einer Sahnespritze den Vornamen des Geburtstagskindes.

Geräte

Backblech
Backpinsel
Butterbrotpapier
Getreidemühle
Schüssel
Rührschüssel
Tasse
Rührgerät
Schneebesen
Küchenmesser
Teigschaber
Tasse
Geschirrtuch
gezacktes Messer
Schüssel
Sieb
Schneidbrettchen
hoher Rührbecher
Stiel-Teigschaber
Eßlöffel
Kuchenplatte
Sahnespritze
Teesieb
Teelöffel

Gesundheitskuchen

Verrühre in einer Teigschüssel mit einem Schneebesen die weiche Butter glatt, wiege den Honig
dazu und rühre gut weiter. Gib nun ein Ei nach
dem anderen dazu und rühre zwischendurch alles
immer wieder gut durch. Reibe nun das Gelbe der
Zitronenschale hinein und rühre den ausgepreßten Zitronensaft dazu.

Das frischgemahlene Weizenvollkornmehl mischst
du mit Backpulver und Vollmeersalz und rührst es
nach und nach zum Teig, ebenso die Milch.

Streiche eine Gugelhupfform gut mit Butter ein,
bestreue sie an den bestrichenen Flächen mit
Semmelbröseln und fülle sie gleichmäßig mit dem
Teig.

Im vorgeheizten Ofen bäckst du sie bei 165 Grad
(Gas Stufe 2 – 3) ca. 1 Stunde auf der unter-
sten Schiene. Prüfe mit einem Zahnstocher oder
Schaschlikstäbchen, ob der Kuchen fertig ist: Der
Teig darf nicht mehr hängenbleiben.

Nimm ihn vorsichtig aus der Röhre und stelle ihn
auf ein Gitter. Nach ca. 3 Minuten legst du das
Gitter auf den Kuchen, drehst ihn mit dem Gitter
um und hebst ganz vorsichtig die Form vom Kuchen.

Am nächsten Tag kannst du den Kuchen
anschneiden. Bei Geburtstagen kannst
du in die Kuchenmitte eine
Kerze stellen.

Zutaten

200 g Butter
200 g Honig
4 große oder 5 kleine Eier
Saft und Schale von 1 Zitrone,
   unbehandelt
500 g Weizenvollkornmehl
1 Backpulver
1 MS Vollmeersalz
1/8 l Milch
2 EL Semmelbrösel

Geräte

Teigschüssel
Schneebesen
Tasse
Reibeisen
Zitronenpresse
Getreidemühle
Schüssel
Küchenmesser
Teigschaber
Meßbecher
Gugelhupfform
Backpinsel
Kuchengitter
Eßlöffel

Veränderung:

In einer zweiten Teigschüssel verrührst du mit einem Schneebesen Honig, Milch und Kakao, gibst etwa ein Drittel des oben beschriebenen fertiggerührten Teiges dazu und verrührst alles zu einem dunklen Teig.

Nachdem du den hellen Teig in die Gugelhupfform gefüllt hast, gibst du den dunklen Teig darüber. Mit einer Gabel rührst du einmal spiralförmig den Teig in der Form durch, damit ein hell-dunkles Marmormuster im Kuchen entsteht.

Den Kuchen bäckst du wie oben angegeben.

Zutaten

1 EL Honig (50 g)
4 EL Milch
3 EL dunkler Kakao

Gewürzkuchen

In einer Rührschüssel rührst du mit dem Schneebesen die Butter sahnig. Dann kommt der Honig dazu: Stelle die Schüssel auf die Waage, wiege sie und zähle die Honigmenge dazu. Nach weiterem Rühren gibst du die Eier dazu, eines nach dem anderen. Dabei mußt du gut weiterrühren, im ganzen etwa 10 Minuten, um so lockerer wird der Kuchen.

Unter das frischgemahlene Weizenvollkornmehl mischst du Backpulver, Salz, Nelken, Zimt und Kakao. Dieses rührst du nun zu deinem Teig, abwechselnd mit der Milch.

Eine Kastenform fettest du gut aus, bestreust sie am Boden und allen Seiten mit Semmelbröseln und füllst deinen Teig hinein.

Bei 175 Grad (Gas Stufe 3) auf der untersten Schiene bäckst du ihn 50 – 55 Minuten. Probe mit einem Holzstäbchen (wenn nichts hängenbleibt, ist der Kuchen fertiggebacken). Nimm ihn vorsichtig aus dem Backofen und stelle ihn auf ein Kuchengitter. Nach ca. 5 Minuten kannst du ihn aus der Form stürzen. Drehe ihn gleich wieder um, daß die gewölbte Seite nach oben schaut.

Lasse ihn vor dem Anschneiden einen Tag ruhen. Mit Schlagsahne schmeckt er besonders gut.

Zutaten

125 g Butter
250 g Honig
3 Eier
350 g Weizenvollkornmehl
1 TL Backpulver
1 MS Vollmeersalz
1 MS Nelken, gemahlen
1 EL Zimt
2 EL Kakao, dunkel
1/8 l Milch
1 EL Semmelbrösel

Geräte

Rührschüssel
Getreidemühle
Schneebesen
Eßlöffel
Küchenmesser
Meßbecher
Kastenform (30 cm)
Teigschaber
Backpinsel
Kuchengitter
Teelöffel

Hefebutter-kuchen

Gib das frischgemahlene Weizenvollkornmehl in eine Teigschüssel und mache in der Mitte eine Vertiefung. Erwärme die Milch leicht (Fingerprobe), verrühre darin die Hefe und gieße sie in die Mehlmitte. Rühre vom Rand her etwas Mehl in die Milch, so daß ein dicker Brei entsteht. Bestreue ihn mit etwas Mehl und lasse ihn 15 Minuten gehen.

Dazu gibst du die weiche Butter, Honig und Vollmeersalz und knetest alles 5 Minuten gut durch. Bestreue den Teig dünn mit Mehl und lasse ihn, mit einem Tuch bedeckt, eine halbe Stunde gehen.

Nun knetest du ihn nochmals kurz durch und machst eine Kugel daraus. Auf einer leicht bemehlten Arbeitsfläche walkst du ihn mit dem Nudelholz in Springformgröße aus. Lege ihn in die gefettete Springform und stich ihn mit der Gabel viele Male ein.

In einer kleinen Pfanne läßt du die Butter zerlaufen und streichst sie mit einem Backpinsel auf den eingestochenen Teig. In einer kleinen Schüssel verrührst du Sauerrahm mit Honig und Zimt und hebst die gehobelten Mandeln unter. Diesen Belag verteilst du mit einem Eßlöffel auf dem Teig.

Im vorgeheizten Ofen bäckst du den Kuchen ca. 30 Minuten bei 200 Grad, mittlere Schiene oder bei Gas Stufe 4. Laß ihn auf einem Gitter auskühlen. Er schmeckt frisch gebacken oder auch am nächsten Tag herrlich.

Zutaten

450 g Weizenvollkornmehl
1/4 l Milch
20 g Hefe

50 g Butter
50 g Honig
1 MS Vollmeersalz

Streumehl

Belag:
40 g Butter
1/2 Becher Sauerrahm (100 g)
80 g Honig
1/2 TL Zimt
100 g gehobelte Mandeln

Geräte

Getreidemühle
Teigschüssel
Milchtopf
Meßbecher
Kochlöffel
Eßlöffel
Teelöffel
Küchenmesser
Geschirrtuch
Nudelholz
Springform (∅ 26 cm)
Gabel
kleine Pfanne
Backpinsel
kleine Schüssel
Kuchengitter

Hexenhaus
aus Lebkuchen

Verrühre in einer Schüssel die Butter mit Honig und Ei. Vermische das frischgemahlene Weizenvollkornmehl mit dem Lebkuchengewürz, Backpulver und Vollmeersalz und rühre dies mit einem Kochlöffel in die Schüssel. Verknete den Teig anschließend gut mit der Hand und lasse ihn, mit Mehl bestreut, 1/2 – 1 Stunde ruhen.

In der Zwischenzeit legst du alles bereit, was du zum Verzieren des Hexenhauses brauchst.

Die Haselnüsse werden halbiert. Wenn du die Mandeln erst abziehen mußt, dann lies beim Rezept »Marzipankartoffeln«, Seite 248, nach, wie das geht. Wenn du die Mandeln abgezogen hast, dann halbiere sie so, daß du 2 Mandelhälften hast. Mit einem Apfelausstecher stichst du aus dem Oran-

Zutaten

Teig:
100 g Butter
500 g Honig
1 Ei
800 g Weizenvollkornmehl
1 Päckchen
    Lebkuchengewürz
1 Päckchen Backpulver
2 MS Vollmeersalz
Streumehl

Schnitt

die Breitseiten des Hauses
    17 × 11 cm
die Giebelseite des Hauses
    16 × 11 cm
die Giebelhöhe des Hauses
    20 cm
das Hausdach 21 × 15 cm

geat und aus dem Zitronat kleine runde Scheiben aus.

Aus Pappe schneidest du dir die Breitseite des Hauses, die Giebelseite und das Hausdach aus.

Auf einer bemehlten Arbeitsfläche walkst du etwa ein Drittel des Teiges ca. 3 mm dick aus, legst den Schnitt der Breitseite des Hauses auf und schneidest es mit einem Messer aus. Aus diesem Teigstück schneidest du ein Fenster aus, halbierst das ausgeschnittene Stück und klebst es (mit Milch) als Fensterladen an jede Seite des Fensters. Die Breitseite des Hauses mußt du zweimal zuschneiden. Mit Hilfe des Schnittes, den du unter das ausgeschnittene Stück legst, hebst du die Teile auf ein gefettetes, bemehltes Backblech.

Walke nun wieder ein Drittel des Teiges aus und schneide daraus die 2 Giebelseiten. Aus einer Giebelseite schneidest du gleich die Haustüre der Hexe (siehe Zeichnung) heraus und legst sie auf das Blech.

Aus dem ausgewalkten letzten Drittel schneidest du die 2 Dachseiten aus und legst sie auf das bemehlte Blech.

Geräte

Rührschüssel
Schneebesen
Getreidemühle
Eßlöffel
Kochlöffel
Nudelholz
Messer
Apfelausstecher
Schneidbrettchen
Küchenmesser
Tasse
Pinsel
3 Backbleche
Ausstechform für
  Tannenbaum
Backschaufel
Kuchengitter

Zum Verzieren:
1/4 Tasse Milch
100 g Haselnüsse
200 g abgezogene Mandeln
50 g Pinien
100 g Orangeat im ganzen
100 g Zitronat im ganzen
3 EL Kokosflocken

Die Teigreste knetest du nun zusammen, walkst sie aus, stichst ein paar Tannenbäume aus und schneidest Latten für den Gartenzaun aus. Mit einem längeren Stück verbindest du die Latten (siehe Zeichnung).

Nun bestreichst du alle Hausseiten und das Dach mit Milch und belegst sie mit Haselnüssen, Mandeln, Pinien, Zitronat- und Orangeatscheibchen (siehe Zeichnung). Auch ein paar kleine Brezeln formst du zum Verzieren. Bäume und Zaun bestreichst du mit Milch und bestreust sie mit Kokosflocken.

Bei 175 Grad (Gas Stufe 3), mittlere Schiene, bäckst du die 3 belegten Bleche 15 – 20 Minuten. Mit einer Backschaufel lockerst du vorsichtig die Teile und legst sie zum Auskühlen auf eine Arbeitsplatte oder auf ein Gitter. Die Teile müssen ganz gerade liegen, sonst kannst du sie später schlecht zusammenkleben.

Am nächsten Tag kannst du das Haus zusammenkleben. In einen Eischnee rührst du nach und nach
so viel Puderzucker, daß ein fester, aber noch
geschmeidiger Leim entsteht. Mit einem Messer
streichst du den Leim dick an die Hauskanten und
klebst die 4 Hausseiten zusammen. Wenn diese
fest sind, nach etwa einer Stunde, bestreichst du
innen die Fensterkanten und klebst rotes Transparentpapier dahinter. Dann bestreichst du alle
Dachkanten und die Giebelseiten und klebst das
Dach auf das Haus. Bis es trocken ist, baust du
eine Stütze unter beide Dachseiten, damit sie nicht
herunterrutschen.

Das fertiggeklebte Haus stellst du auf ein Holzbrett. Mit einem Tupfer Leim stellst du die Haustüre
ans Haus, die Bäume und die Zäune um das Haus.
Hexe, Hänsel und Gretel stellst du zuletzt auf.

Nach einiger Zeit wirst du ja nicht widerstehen
können und daran knuspern und knabbern. Ver-
giß nicht, den Leim vorher wegzukratzen! Er könnte
deinen Zähnen schaden.

Sonstige Zutaten

Leim:
250 g Puderzucker
1 Eiweiß

Sonstiges:
rotes Transparentpapier
   zum Hinterkleben der
   Fenster
3 kleine selbstgebastelte
   Puppen als Hexe,
   Hänsel und Gretel
Holzbrett zum Aufstellen des
   Hexenhauses
Pappe

Kirschkuchen versenkt

Das frischgemahlene Weizenvollkornmehl gibst du in eine Teigschüssel und machst in der Mitte eine Vertiefung.

Die Milch erwärmst du leicht (Fingerprobe) und verrührst darin die Hefe. Gieße dies nun in die Mehlmitte und rühre mit dem Kochlöffel vom Rand her so viel Mehl dazu, daß ein dicker Brei entsteht. Bestreue ihn mit Mehl und lasse ihn 15 Minuten gehen.

Laß im Milchtopf die Butter zerfließen, gib sie zum gegangenen Teig, ebenso den Honig und das Ei. Reibe auf einem feinen Reibeisen das Gelbe der Zitronenschale zum Teig, gib Salz dazu und verrühre alles gut. Dieser Hefeteig ist ganz weich, du kannst ihn nicht kneten, er wird gut geschlagen: Mit einem breiten Kochlöffel schlägst du den Teig von einer Schüsselseite zur anderen. Schlage gut unter den Teig, bis er nach 5 – 10 Minuten Blasen wirft.

Bestreue den Teig dünn mit Mehl und lasse ihn zugedeckt 1/2 Stunde gehen.

Fette eine Springform gut mit Butter und streiche den gegangenen Teig mit dem Teigschaber glatt in die Form. Nun legst du die Kirschen darauf, nach Belieben kannst du sie vorher entsteinen. Drücke sie etwas in den Teig und backe ihn bei 200 Grad, 2. Schiene von unten, im vorgeheizten Ofen 30 Minuten (bei Gas backe auf Stufe 4).

Zutaten

250 g Weizenvollkornmehl
1/8 l Milch
20 g Hefe (1/2 Würfel)
60 g Butter
1 – 2 EL Honig
1 Ei
Schale von 1/2 Zitrone, unbehandelt
1 MS Vollmeersalz
Streumehl

500 g Kirschen

Geräte

Getreidemühle
Teigschüssel
Milchtopf
Meßbecher
Kochlöffel
Eßlöffel
Reibeisen
Küchenmesser
Springform (ø 26 cm)
Kirschenentsteiner
Teigschaber
Kuchengitter
Kuchenretter
Kuchenplatte

Nimm ihn mit Topflappen heraus, stelle ihn auf ein Gitter zum Auskühlen. Wenn er abgekühlt ist, machst du die Springform auf und hebst ihn mit einem Pappboden oder Kuchenretter auf eine Kuchenplatte.

Frisch gebacken schmeckt dieser Kuchen am besten.

Liebesknochen

Zutaten

Brandteig:
1/4 l Wasser
70 g Butter
2 MS Vollmeersalz
150 g Weizenvollkornmehl

3 Eier
1 TL Backpulver

Guß:
40 g Bitterschokolade
4 EL Sahne

Füllung:
200 g Sahne
1 EL Honig (50 g)
2 MS Zimt

Geräte

kleiner Topf
Meßbecher
Küchenmesser
Getreidemühle
Schüssel
Kochlöffel
Teelöffel
Dressierbeutel
Backblech
Backpinsel
kleine Pfanne
kleiner Schneebesen
Kuchengitter
gezacktes Messer
Sahnetopf
Sahneschläger
Eßlöffel
Sahnespritze
Backschaufel

So stellst du den Brandteig her:

Laß in einem kleinen Topf Wasser mit kleinge-schnittener Butter und Salz aufkochen und nimm ihn dann von der Kochstelle. Das frischgemahlene Weizenvollkornmehl schüttest du auf einmal in den Topf und rührst mit dem Kochlöffel so lange, bis sich der Inhalt zu einem Kloß geformt hat (ca. 1 Minute).

Stelle nun den Topf zurück auf den Herd und rühre den Kloß bei mittlerer Hitze ständig um. Nach einer Minute ist der Topfboden mit einer dünnen Teigschicht bedeckt. Nimm den Topf wieder von der Kochstelle und lasse den Teig ca. 10 Minuten auskühlen.

Dann rührst du sehr gut ein Ei nach dem anderen unter den Teig, zuletzt das Backpulver. Fülle einen Teil des Teiges in einen Dressierbeutel mit großer Sterntülle und spritze ihn in 12 cm lange Dop-pelstreifen (= 2 Streifen eng aneinander) auf ein gefettetes Backblech. Fülle wieder Teig nach und spritze weiter, er reicht für 12 Doppelstreifen (= »Knochen«).

In der auf 200 Grad vorgeheizten Backröhre bäckst du sie auf der 2. Schiene von unten ca. 25 Minuten.

In einem kleinen Pfännchen erwärmst du die Bitterschokolade, verrührst sie mit Sahne und bestreichst damit die Oberseite der leicht abgekühlten Liebesknochen. Auf einem Gitter läßt du sie abkühlen und den Guß trocknen (gut 1 Stunde). Danach schneidest du sie mit einem scharfen, gezackten Messer quer durch und legst die bestrichenen Oberseiten zur Seite, die Unterseiten werden weiterbearbeitet.

Schlage die Sahne steif, gib Honig und Zimt dazu, schlage nochmals durch und fülle sie in eine Sahnespritze. Spritze nun enge Schlangenlinien auf die bereitliegenden Unterseiten der Liebesknochen. Danach setzt du auf jedes Unterteil das passende Oberteil, hebst sie mit der Backschaufel auf eine Tortenplatte und stellst sie in den Kühlschrank.

Du kannst dir immer einer großen Nachfrage sicher sein!

Mailänder Domkuchen

Das frischgemahlene Weizenvollkornmehl gibst du in eine Schüssel und drückst in die Mehlmitte eine Vertiefung. Erwärme die Milch ganz leicht (Fingerprobe), verrühre darin mit einem Kochlöffel die Hefe und gieße dies nun in die Mehlmitte. Vom Rand her rührst du etwas Mehl zur Milch, so daß ein dicker Brei entsteht. Streue vom Rand her dünn Mehl darüber und lasse den Teig 15 Minuten gehen.

Inzwischen rührst du in einer Schüssel mit einem Schneebesen die Butter glatt, wiegst den Honig dazu und verrührst ihn und die Eier mit der Butter. Gib Vollmeersalz, Vanille, feingeriebene Zitronenschale, Zitronensaft, Rosinen, Korinthen, feingeschnittenes Zitronat und Orangeat dazu und verrühre alles gut mit der Butter.

Dein Teig ist nun gegangen, und du kannst mit einem Teigschaber das Gerührte dazugeben. Verrühre alles gut mit dem Kochlöffel und knete dann den Teig gut 10 Minuten durch. Wenn er an der Hand klebt, tauchst du diese in eine Schüssel mit lauwarmem Wasser und knetest weiter.

Danach bestreust du den Teig ringsherum mit Mehl und läßt ihn zugedeckt mit einem Tuch 45 Minuten gehen. Wenn der Teig doppelt so groß ist wie vorher, ist er gut gegangen. Knete ihn nochmals,

Zutaten

650 g Weizenvollkornmehl
1/4 l Milch
60 g Hefe (1 1/2 Würfel)

125 g Butter
75 g Honig
2 Eier
1 TL Vollmeersalz
1/2 TL Vanille
Schale von 2 Zitronen,
    unbehandelt
Saft von 1 Zitrone,
    unbehandelt
100 g Rosinen,
    ungeschwefelt
50 g Korinthen
40 g Zitronat
40 g Orangeat

Streumehl
1 Scheibe Butter (20 g)
1 TL Honig
2 EL geschälte Mandeln

mit etwas Mehl bestreut, durch, und breite ihn in eine gut gefettete, bemehlte Springform, ⌀ 22 cm. Lasse den Teig nochmals 45 Minuten zugedeckt gehen. Der Teig ist doppelt so hoch gestiegen und wird nun bei 190 Grad (Gas Stufe 3 – 4) auf der untersten Schiene 40 – 50 Minuten gebacken. Stich mit einem Holzstäbchen hinein und prüfe (wenn nichts mehr hängenbleibt), ob er fertig ist. Wenn er oben zu dunkel wird, dann decke nach 30 Minuten Alufolie darüber.

Den fertigen Kuchen stellst du zum Abkühlen auf ein Gitter und öffnest den Springformrand. Butter und Honig läßt du in einem Pfännchen zerlaufen, bestreichst damit Domkuppel und Rand und bestreust sie mit feingeriebenen geschälten Mandeln.

Der Domkuchen ist ein beliebtes italienisches Weihnachtsgebäck.

Geräte

Backschüssel
Getreidemühle
Milchtopf
Kochlöffel
Meßbecher
Rührschüssel
Schneebesen
Teelöffel
Eßlöffel
feines Reibeisen
Zitronenpresse
Küchenmesser
Holzbrettchen
Teigschaber
Geschirrtuch
Springform (⌀ 22 cm)
kleines Pfännchen
Backpinsel
Nußreibe
Kuchengitter

Schwarzbeerkuchen
(Heidelbeerkuchen)

Mische das frischgemahlene Weizenvollkornmehl in einer Backschüssel mit Backpulver, Vollmeersalz und Zimt. Gib nun das Ei dazu, den Honig (dazu stellst du die Teigschüssel auf die Waage, wiegst sie und läßt die benötigte Menge Honig zulaufen) und schneide die kalte Butter darüber.

Nun verrührst du zuerst alles mit einem Kochlöffel, und dann knetest du mit der Hand alles rasch zusammen. Danach muß der Teig 1/2 Stunde ruhen.

Wasche die Schwarzbeeren in einem Sieb und lasse sie gut abtropfen.

Breite nun den Teig mit den Händen in die ungefettete Springform (ø 26 cm) und drücke einen 2 – 3 cm hohen Rand hinauf. Verteile die Schwarzbeeren auf dem Teig und schiebe die Springform in den auf 200 Grad (bei Gas Stufe 4) vorgeheizten Ofen auf die 2. Schiene von unten.

Zutaten

300 g Weizenvollkornmehl
1 TL Backpulver
1 MS Vollmeersalz
1 TL Zimt
1 Ei
100 g Honig
100 g Butter
600 g Schwarzbeeren
   (Heidelbeeren)
Zimt

Geräte

Getreidemühle
Backschüssel
Teelöffel
Küchenmesser
Kochlöffel
Sieb
Springform (ø 26 cm)
Kuchengitter
Kuchenretter
Spitzendeckchen (Papier)
Kuchenplatte

178

Nach 20 – 25 Minuten ist der Kuchen fertig. Mit Topflappen stellst du nun die heiße Form auf ein Kuchengitter zum Auskühlen. Jetzt bestreust du den Kuchen hauchdünn mit Zimt. Wenn er abgekühlt ist, fährst du vorsichtig mit einem kleinen Messer zwischen Springformrand und Kuchen entlang, öffnest dann den Springformrand und nimmst ihn weg. Mit Hilfe eines Pappbodens oder Kuchenretters hebst du den Kuchen auf eine Kuchenplatte. Wenn du ein weißes Spitzendeckchen darunter schiebst, sieht der Kuchen besonders hübsch aus.

Reiche ihn zum Tee mit steifgeschlagener Sahne.

Streuselkuchen

Gib das frischgemahlene Weizenvollkornmehl in eine Teigschüssel und mache in die Mitte eine Vertiefung. Erwärme die Milch leicht (Fingerprobe), verrühre darin die Hefe und gieße sie in die Mehlmitte. Rühre mit einem Kochlöffel so viel Mehl unter die Milch, daß ein dicker Brei entsteht. Bestreue ihn mit Mehl und lasse ihn 15 Minuten gehen.

Nun bereitest du die Streusel zu:

Gib das frischgemahlene Weizenvollkornmehl in eine Schüssel und verrühre darin Zimt und Vanille. Wiege den Honig dazu und die weiche Butter (du kannst sie auch in einem kleinen Pfännchen zerlaufen lassen). Verknete nun alles gut mit der Hand und stelle den sehr weichen Streuselteig kühl.

Nun ist dein Vorteig gegangen, und du gibst nun die weiche Butter, den Honig und Vollmeersalz dazu und knetest alles 5 Minuten gut durch. Bestreue den Teig dünn mit Mehl und lasse ihn, mit einem Tuch bedeckt, eine halbe Stunde gehen.

Zutaten

Teig:
450 g Weizenvollkornmehl
1/4 l Milch
20 g Hefe

50 g Butter
50 g Honig
1 MS Vollmeersalz

Streumehl

Streusel:
200 g Weizenvollkornmehl
1 gehäufter TL Zimt
1 MS Vanille
100 g Honig
100 g Butter

Geräte

Getreidemühle
Teigschüssel
kleiner Milchtopf
Meßbecher
Kochlöffel
Schüssel
kleines Pfännchen
Teelöffel
Küchenmesser
Eßlöffel
Geschirrtuch
Springform (ø 26 cm)
Nudelholz
Backpinsel
Kuchengitter

Fette eine Springform mit Butter. Den gegangenen Teig knetest du noch einmal kurz durch, machst davon eine Kugel und walkst diese auf einer leicht bemehlten Arbeitsfläche in Springformgröße aus. Lege den Teig in die Springform und drücke mit der Hand einen 2 cm hohen Rand. Nun krümelst du den Streuselteig darauf. Im vorgeheizten Ofen bäckst du den Kuchen 20 Minuten bei 200 Grad auf der mittleren Schiene.

Nimm ihn vorsichtig aus dem Ofen, stelle ihn auf ein Kuchengitter und nimm den Springformrand weg.

Der Streuselkuchen schmeckt frisch gebacken sehr gut, aber auch am nächsten Tag ist er noch ein Genuß.

Tiroler Geburtstagskranz

Gib das frischgemahlene Weizenvollkornmehl in eine Teigschüssel und drücke in die Mitte des Mehles eine Vertiefung. Erwärme die Milch ganz leicht (Fingerprobe), bröckle die Hefe hinein, verrühre sie gut mit der Milch und gieße diese nun in die Mitte des Mehls. Nun rührst du mit dem Kochlöffel so viel Mehl vom Rand in die Milch, daß ein dicker Brei entsteht. Über den Brei streust du etwas Mehl und läßt ihn ca. 15 Minuten gehen.

Wenn der mittlere Teig hochgekommen ist, gibst du den Honig dazu (Wiege die ganze Schüssel ab und lasse den Honig dazulaufen).

Die Butter hast du in einem Pfännchen zerlaufen lassen und gibst sie auch dazu. Presse die Zitrone aus und reibe die Schale ganz fein zu dem Teig. Nun gibst du noch Vollmeersalz, Vanille, Ei und Eiweiß (den 2. Eidotter in einer Tasse zum Bestreichen auf die Seite stellen), Rosinen und Korinthen hinein.

Mit einem Kochlöffel verrührst du erst einmal alles und knetest dann den Teig mit der Hand 5 – 10 Minuten lang. Wenn die Hand verklebt ist, tauche sie kurz ins Wasser und knete weiter.

Jetzt mahlst du noch etwas Mehl, streust es über den Teig und läßt ihn zugedeckt 45 Minuten gehen. Danach knetest du den Teig auf einer bemehlten Arbeitsfläche nochmals durch und teilst ihn in 2 Stücke. Aus jedem Stück machst du eine 70 cm lange Rolle. Auf einem Geschirrtuch verschlingst du nun die 2 Rollen miteinander, hebst sie mit dem Geschirrtuch auf das gefettete Blech

Zutaten

1000 g Weizenvollkornmehl
3/8 l Milch
60 g Hefe

100 g Honig
100 g Butter
Saft und Schale von 1 Zitrone, unbehandelt
1 TL Vollmeersalz
3 MS Vanille
1 Ei
1 Eiweiß
100 g Rosinen, ungeschwefelt
100 g Korinthen
Streumehl

1 Eidotter
1 TL Milch
40 g gehackte Mandeln

Geräte

Getreidemühle
Teigschüssel
kleiner Kochtopf
Meßbecher
Kochlöffel
Küchenmesser
feines Reibeisen
Zitronenpresse
kleine Pfanne
Tasse
Wasserschüssel
Geschirrtuch
Keramikbecher
Backpinsel
Backblech
Nußhacker
Kuchengitter
Backschaufel
Teelöffel

und läßt sie heruntergleiten. Die verschlungene Rolle formst du zu einem Kranz, in die Mitte des Kranzes stellst du einen Keramikbecher, der beim Backen dort verbleibt, damit das Loch in der Mitte nicht zugeht. Die Teigenden klebst du mit etwas Wasser zusammen.

Der Kranz muß nun 1/2 Stunde gehen, danach bestreichst du ihn mit Eidotter, den du mit Milch verrührt hast. Bestreue ihn dicht mit gehackten Mandeln und schiebe ihn in den vorgeheizten Ofen. Bei 190 Grad (Gas Stufe 4), mittlere Schiene, wird er 35 – 40 Minuten gebacken.

Mit Topflappen stellst du das heiße Blech auf ein Kuchengitter. Wenn der Kranz etwas abgekühlt ist, nimmst du drehend den Becher aus der Mitte und lockerst vorsichtig mit einer Backschaufel den Kranz vom Blech. Dann läßt du ihn auf das Kuchengitter gleiten. Wenn er ausgekühlt ist, kannst du ihn anschneiden – oder auch erst am nächsten Tag.

Bei Geburtstagen stellst du eine dicke Kerze in die Mitte des Kranzes.

Zwetschgenkuchen

Gib das frischgemahlene Weizenvollkornmehl in eine Teigschüssel und drücke in die Mitte des Mehles eine Vertiefung.

Erwärme die Milch ganz leicht (Fingerprobe), bröckle die Hefe hinein und verrühre sie gut mit einem Kochlöffel. Gieße sie nun in die Mitte des Mehles und rühre mit dem Kochlöffel so viel Mehl vom Rand dazu, daß ein dicker Brei entsteht. Darüber streust du etwas Mehl und läßt ihn ca. 15 Minuten gehen.

Wenn der mittlere Teig hochgestiegen ist, gibst du Butter, Salz und Honig dazu und reibst die Zitronenschale darüber. Nun verrührst du zuerst alles mit dem Kochlöffel, dann knetest du den Teig mit der Hand 5 Minuten lang fest durch, bestreust ihn mit Mehl und läßt ihn 1/2 Stunde, mit einem Geschirrtuch zugedeckt, stehen.

In der Zwischenzeit entsteinst du mit einem Zwetschgenentsteiner (oder mit einem Küchen-

Zutaten

250 g Weizenvoll-
  kornmehl
1/8 l lauwarme Milch
20 g Hefe (1/2 Würfel)

20 g Butter
1 MS Vollmeersalz
1 EL Honig
Schale von 1/2 Zitrone,
  unbehandelt

Streumehl
1 kg Zwetschgen,
  möglichst späte
  Sorte
Zimt

Geräte

Getreidemühle
Teigschüssel
Milchtopf
Meßbecher
Eßlöffel
Kochlöffel
feines Reibeisen
Küchenmesser
Zwetschgenentsteiner
Springform (ø 26 cm)
Geschirrtuch

messer) die Zwetschgen. Sie sind damit gleichzeitig so eingeschnitten, daß sie sich gut auf den Teig legen lassen.

Wenn der Teig gegangen ist, breitest du ihn mit der Hand in eine gefettete Springform und drückst einen 2 – 3 cm hohen Rand. Nun belegst du den Teig mit den Zwetschgen. Du fängst außen am Rand an, stellst die Zwetschgen leicht schräg, eine an die andere.

Dann schiebst du den Kuchen in den auf 200 Grad (bei Gas Stufe 4) vorgeheizten Ofen auf die 2. Schiene von unten und bäckst ihn 30 – 35 Minuten. Wenn du Frühzwetschgen verwendet hast, bildet sich viel Saft auf dem Kuchen. Du mußt ihn dann ganz vorsichtig mit Topflappen herausnehmen. Stelle ihn auf ein Gitter zum Auskühlen und bestreue ihn hauchdünn mit Zimt.

Wenn er abgekühlt ist, nimmst du ihn aus der Springform und servierst ihn mit Schlagsahne. Bei Frühzwetschgen süßt du die Sahne mit 1 TL Honig, da diese sehr sauer sind.

Plätzchen

Butterkekse

Zu dem frischgemahlenen Weizenvollkornmehl gibst du Backpulver, Vanille, reibst das Gelbe einer halben Zitrone hinein und vermischst alles im Mehl. Das Ei schlägst du auf, gibst es in eine Tasse und schlägst es darin mit einer Gabel gut durch. Die eine Hälfte des Eies gibst du ins Mehl, die andere Hälfte stellst du zum Bestreichen beiseite. Nun wiegst du den Honig dazu: Stelle die Backschüssel auf die Waage, wiege sie ab und lasse den Honig dazulaufen. Die Butter schneidest du in kleinen Stückchen darüber.

Mit einem Kochlöffel verrührst du zuerst alles gut und dann knetest du mit der Hand alles zu einem glatten Teig. Diesen stellst du 1/2 Stunde in den Kühlschrank.

Auf einer bemehlten Arbeitsfläche walkst du mit dem Nudelholz den Teig 4 – 5 mm dick aus. Walke nie den ganzen Teig aus, sondern immer nur 1/4 bis 1/2 der Menge. Mit beliebigen Ausstechformen stichst du Plätzchen aus und legst sie eng auf ein gefettetes Backblech. Mit einem Pinsel streichst du das zurückgelassene Ei darauf.

Im vorgeheizten Ofen bäckst du die Plätzchen bei 175 Grad (Gas Stufe 3), mittlere Schiene, 12 – 15 Minuten.

Auf einem Kuchengitter läßt du sie auskühlen.

Zutaten

250 g Weizenvollkornmehl
1 TL Backpulver
2 MS Vanille
Schale von 1/2 Zitrone, unbehandelt
1 Ei
100 g Honig
100 g Butter
Streumehl

Geräte

Getreidemühle
Backschüssel
Teelöffel
Küchenmesser
feines Reibeisen
Tasse
Gabel
Kochlöffel
Pinsel
Nudelholz
Backblech
Backschaufel
verschiedene Ausstechformen
Kuchengitter

186

Gewürzschnitten

Stelle einen gerührten Mürbeteig her. Das geht so:

Mische unter das frischgemahlene Weizenvollkornmehl das Backpulver, sämtliche angegebenen Gewürze und das feingeschnittene Zitronat und Orangeat.

Rühre nun in einer zweiten Schüssel mit einem Schneebesen die Butter glatt, wiege den Honig dazu und verrühre ihn und die Eier mit der Butter.

Mit einem Kochlöffel rührst du das »gewürzte« Weizenvollkornmehl dazu und läßt den entstandenen Teigkloß 1/2 Stunde ruhen.

Fette und bemehle ein Backblech (siehe S. 23) und walke mit dem Nudelholz den bemehlten Teig aufs Blech.

Bestreiche den Teig mit Milch und verziere ihn reihenweise mit abgeschälten Mandeln (wie du diese abschälst, steht auf Seite 248 bei Marzipankartoffeln).

Das Blech mit dem aufgewalzten Teig ergibt 80 – 100 Schnitten, auf jeder Schnitte ist in der Mitte eine Mandel. Lege diese also so, daß du später mit dem Messer gut in einer Reihe schneiden kannst.

Backe das Blech bei 175 Grad (Gas Stufe 3) 20 – 25 Minuten auf der untersten Schiene.

Wenn es etwas abgekühlt ist, schneidest du das Backwerk reihenweise mit dem Messer in Stücke. Nimm die Schnitten mit einer Backschaufel vom Blech und lasse sie auf einem Gitter auskühlen.

Zutaten

400 g Weizenvollkornmehl
1 TL Backpulver
2 TL Zimt
4 TL Kakao oder Karobe
1 MS Kardamom
1 MS Nelken
1 MS Anis
1 MS Fenchel
2 MS Vollmeersalz
2 MS Vanille
100 g Zitronat
100 g Orangeat
125 g Butter
200 g Honig
2 Eier
4 EL Milch
80 – 100 abgeschälte
    Mandeln
Streumehl

Geräte

Schüssel
Getreidemühle
Teelöffel
Küchenmesser
Holzbrettchen
Rührschüssel
Schneebesen
Kochlöffel
Backblech
Pinsel
Nudelholz
Eßlöffel
Tasse
Messer
Backschaufel
Kuchengitter

Hänsel und Gretel

Du machst denselben Teig wie zu dem Rezept »Lustige Kindergesichter« (siehe S. 194).

Auf einer leicht bemehlten Arbeitsfläche walkst du die Hälfte des Teiges aus, ca. $1/2$ cm dick, und stichst mit den Ausstechformen die Figuren aus. Wenn du keine Ausstechformen hast, kannst du dir eine Pappschablone schneiden, diese auf den ausgewalkten Teig legen und mit einem kleinen Küchenmesser entlang den Kanten schneiden. Die Teigränder knetest du wieder zusammen, nimmst neuen Teig dazu und walkst weiter aus.

Die Teigmenge ergibt 8 Figuren, ein Backblech voll. Das Backblech fettest du dünn mit Butter ein und legst die Figuren darauf. Bestreiche sie mit Milch und verziere sie.

Als Augen kannst du Korinthen verwenden.

Als Mund kannst du einen Sonnenblumenkern nehmen.

Als Hände und Füße kannst du je eine halbierte abgezogene Mandel eindrücken.

Als Hosenträger beim Hänsel nimmst du Sonnenblumenkerne.

Als Schürzchen bei der Gretel kannst du ebenfalls Sonnenblumenkerne nehmen.

Die fertigverzierten Figuren schiebst du in den auf 175 Grad (Gas Stufe 3) vorgeheizten Ofen, mittlere Schiene, und bäckst 12 – 15 Minuten.

Das heiße Blech vorsichtig mit einem Topflappen aus der Backröhre nehmen. Mit einer Backschaufel legst du die Figuren auf ein Kuchengitter zum Auskühlen.

Zutaten
siehe Seite 194

Geräte
siehe Seite 195
Ausstechformen Männchen und Weibchen 15 cm hoch

188

Haselnußtaler

Zu dem frischgemahlenen Weizenvollkornmehl gibst du das Backpulver und Delifrut und vermischst es. Stelle nun die Schüssel auf die Waage, wiege sie und gib die angegebene Honigmenge dazu. Gib auch das Eidotter und die Butter hinein und verrühre zuerst alles gut mit dem Kochlöffel. Dann knetest du mit der Hand alles gut zusammen und läßt den Teig 1/2 Stunde ruhen.

Inzwischen halbierst du die Haselnüsse auf einem Schneidbrettchen mit dem Küchenmesser: Halte sie zwischen Daumen und Zeigefinger fest und schneide sie in der Mitte durch.

Auf einer leicht bemehlten Arbeitsfläche walkst du einen Teil des Teiges aus, ca. 1/2 cm dick, und stichst mit einem kleinen Glas runde Taler aus. Die Teigreste knetest du wieder zusammen, nimmst neuen Teig dazu und walkst wieder aus.

Auf ein gefettetes Blech legst du die Taler ziemlich eng aneinander. Sie passen alle auf ein Blech.

Mit einem Pinsel bestreichst du die Taler mit Eiweiß (immer nur wenige, damit es nicht eintrocknet) und belegst sie dicht mit Haselnüssen, die Schnittseite nach unten.

Das fertige Backblech schiebst du in den auf 175 Grad (Gas Stufe 3) vorgeheizten Ofen, mittlere Schiene, und bäckst es 12 – 15 Minuten.

Nimm das heiße Backblech vorsichtig aus dem Ofen und lege die Plätzchen mit einer Backschaufel auf ein Gitter zum Auskühlen.

Zutaten

250 g Weizenvollkornmehl
1/2 TL Backpulver
1 TL Delifrut
150 g Honig
1 Eidotter
50 g Butter

150 g Haselnüsse
1 Eiweiß
Streumehl

Geräte

Getreidemühle
Teigschüssel
Teelöffel
Eßlöffel
2 Tassen
Küchenmesser
Schneidbrettchen
Nudelholz
Pinsel
Backblech
Backschaufel
kleines Glas
Kuchengitter

Kinder-
Busserl

Rühre in einer Schüssel die Butter glatt, wiege den Honig dazu (zuerst die Schüssel wiegen und dann den Honig dazugeben), gib das Ei hinein und rühre ein paar Minuten alles gut.

Zu dem frischgemahlenen Weizenvollkornmehl gibst du Backpulver, Vollmeersalz und Vanille. Die Haselnüsse reibst du auf einer Nußmühle fein und die Schokolade zerschneidest du auf einem Schneidbrett in kleine Würfelchen.

Das Weizenvollkornmehl, die Haselnüsse und die Schokolade rührst du mit einem Kochlöffel in die Butter-Eier-Honig-Creme. Mit einem Teelöffel machst du kleine Teighäufchen auf ein gefettetes Backblech. Die Menge ergibt ca. 30 Stück, die du auf ein Blech bringst.

Im vorgeheizten Ofen bäckst du sie auf der mittleren Schiene ca. 12 Minuten bei 175 Grad.

Auf einem Kuchengitter läßt du sie auskühlen. Für diese Leckerchen findest du bestimmt reißenden Absatz in deiner Familie.

Zutaten

50 g Butter
50 g Honig
1 Ei
100 g Weizenvollkornmehl
1 MS Backpulver
1 MS Vollmeersalz
1 MS Vanille
50 g Haselnüsse
50 g Schokolade mit
  Bienenhonig gesüßt oder
  Bitterschokolade

Geräte

Rührschüssel
Schneebesen
Eßlöffel
Getreidemühle
Küchenmesser
Schneidbrett
Nußmühle
Kochlöffel
Teelöffel
Backblech
Kuchengitter

Kokosberge

Gib in eine Rührschüssel das Eiweiß und schlage es mit dem Rührgerät (elektrisch oder Handbetrieb) so steif, daß es nicht mehr aus der Schüssel läuft, wenn du sie umstürzt. Nun wiegst du den Honig dazu und reibst die gewaschene Zitronenschale hinein. Rühre alles mit dem Rührgerät nochmals durch. Presse nun die Zitrone aus und gieße den Saft dazu. Mit einem Kochlöffel hebst du die Kokosflocken unter die Schaummasse.

Je 1 EL dieses Teiges gibst du auf eine Oblate, die du in der linken Hand hältst. Mit einem Messer streichst du den Teig auf der Oblate so glatt, daß er in der Mitte ein bißchen höher ist als am Rand. Die so mit Teig bestrichenen Oblaten legst du auf ein Backblech. Den restlichen Teig verteilst du in kleinen Häufchen locker auf den bestrichenen Oblaten. Laß diese nun 2 Stunden in der Küche zum Trocknen des Teiges stehen.

Du schiebst das Backblech auf die oberste Schiene der Backröhre und bäckst die Kokosberge bei 170 Grad ca. 20 – 25 Minuten, bis sie ganz leicht gebräunt sind.

Zutaten

3 Eiweiß
150 g Honig
Saft und Schale von
  1 kleinen Zitrone (3 EL),
  unbehandelt
250 g Kokosflocken
20 Oblaten (ø 70 mm)

Geräte

Rührschüssel
Rührgerät
Eßlöffel
Reibeisen
Zitronenpresse
Kochlöffel
Küchenmesser
Messer
Backblech
Backschaufel
Kuchengitter

Lebkuchenherzen

In einer Backschüssel mischst du das frischgemahlene Weizenvollkornmehl mit Backpulver, Kakao, Zimt und Nelken.

In eine kleine Schüssel gibst du das Ei, wiegst den Honig zu, gießt das Wasser hinzu und verrührst alles mit einem kleinen Schneebesen. Dieses Gemisch rührst du mit einem Kochlöffel in das Mehl und knetest anschließend alles zu einem glatten Teig. Diesen läßt du 1 Stunde ruhen.

Auf einer leicht bemehlten Arbeitsfläche walkst du einen Teil des Teiges aus, ca. 1/2 cm dick, und stichst mit einer Form Herzen aus. Die Ausstechform tauchst du jedesmal vorher in das Streumehl, damit der Teig nicht klebenbleibt. Mit einem Apfelausstecher kannst du nun in das Herz ein Loch stechen (Dort kannst du dann nach dem Backen ein rotes Schleifchen als Verzierung anbringen oder es an einem längeren Band als Geschenkanhänger oder Schmuck eines besonderen Adventskalenders verwenden).

Zutaten

500 g Weizenvollkornmehl
2 TL Backpulver
2 EL Kakao
1 TL Zimt
2 MS Nelken

1 Ei
250 g Honig
1/8 l Wasser
Streumehl

Zum Bestreichen:
50 g Bitterschokolade
6 EL Sahne

Die ausgestochenen Herzen legst du auf ein leicht gefettetes Backblech. Die Teigreste knetest du zusammen, nimmst neuen Teig dazu, walkst und stichst weiter aus. Die Teigmenge ergibt 2 Bleche Herzen.

Im vorgeheizten Ofen bäckst du die Lebkuchen bei 175 Grad auf der mittleren Schiene 15 Minuten.

In einer kleinen Pfanne erwärmst du die Schokolade und verrührst sie mit einem kleinen Schneebesen mit der Sahne. Mit einem Backpinsel bestreichst du damit die leicht abgekühlten Herzen und legst sie zum Trocknen auf die Kuchengitter.

Geräte

Getreidemühle
Backschüssel
Teelöffel
Eßlöffel
Küchenmesser
kleine Schüssel
Meßbecher
kleiner Schneebesen
Kochlöffel
Nudelholz
Herzausstechform
Apfelausstecher
2 Backbleche
kleine Pfanne
Backpinsel
2 Kuchengitter

Lustige Kindergesichter

Zu dem frischgemahlenen Vollkornmehl gibst du Backpulver, Zimt und Nelken und vermischst es darin. Um den Honig abzuwiegen, stellst du die Schüssel auf die Waage, wiegst sie und läßt die angegebene Honigmenge dazulaufen. Gib nun auch das Ei und die Milch dazu, und verrühre zuerst alles gut mit dem Kochlöffel, dann knetest du mit der Hand alles rasch zusammen. Der Teig muß jetzt 1/2 Stunde ruhen.

Auf einer leicht bemehlten Arbeitsfläche walkst du nun den Teig ca. 1/2 cm dick aus (nimm immer nur wenig Teig, etwa 1/4 der Gesamtmenge) und stichst mit einer Tasse oder einem Glas Plätzchen aus. Das Backblech fettest du dünn mit Butter ein und legst die Plätzchen darauf. Sie passen alle auf ein Blech.

Zutaten

250 g Weizenvollkornmehl
1/2 TL Backpulver
1 TL Zimt
1 MS Nelken
150 g Honig
1 Ei
2 EL Milch

Zum Bestreichen:
2 EL Milch

Zum Verzieren:
Korinthen
Haselnüsse
Sonnenblumenkerne
Walnußkerne
Pinien

194

Bestreiche die Plätzchen mit Milch und fange an, mit folgenden Zutaten lustige Gesichter zu legen.

Du kannst verwenden:

Als Augen: Korinthen oder halbe Haselnüsse.

Als Haare: Sonnenblumenkerne oder Walnüsse.

Als Mund: Pinien oder Sonnenblumenkerne.

Als Nasen: Pinien oder halbe Haselnüsse.

Das belegte Blech schiebst du in den auf 175 Grad (Gas Stufe 3 – 4) vorgeheizten Ofen, mittlere Schiene, und läßt die Gesichter ca. 10 Minuten backen.

Das heiße Blech vorsichtig mit Topflappen aus dem Ofen nehmen und auf Untersetzer stellen. Mit einer Backschaufel nimmst du die fertigen Gesichter herunter und läßt sie auf einem Kuchengitter auskühlen.

Geräte

Getreidemühle
Teelöffel
Backschüssel
Kochlöffel
Küchenmesser
Nudelholz
Backpinsel
Tasse oder Glas
Kuchengitter
Backschaufel
1 Backblech
Untersetzer
Eßlöffel

195

Nürnberger Lebkuchen

In einer Schüssel verrührst du das frischgemahlene Weizenvollkornmehl mit Backpulver, Zimt,
Nelken und Kakao. Hacke auf einem Holzbrettchen Haselnüsse und Mandeln grob, schneide
das Zitronat in kleine Würfelchen und gib beides
in das Mehl.

In einer Backschüssel rührst du mit einem Schneebesen die weiche Butter glatt und gibst unter ständigem Rühren ein Ei nach dem anderen dazu. Nun
wiegst du den Honig dazu und rührst ihn unter
Butter und Eier.

Nach und nach gibst du das Mehlgemisch dazu
und rührst es mit einem Kochlöffel zu einem glatten Lebkuchenteig.

Zutaten

300 g Weizenvollkornmehl
2 TL Backpulver
2 TL Zimt
2 MS Nelken
1 EL Kakao
125 g Haselnüsse
60 g Mandeln
60 g Zitronat

125 g Butter
2 Eier
250 g Honig
25 Oblaten (ø 7 cm)

Zum Verzieren:
1 kleines Ei
25 große Haselnüsse

Lege auf ein Backblech 25 Oblaten und verteile darauf den Teig, etwa je 1 EL auf jede Oblate. Nun nimm nacheinander die Oblaten in die linke Hand und streiche mit einem Messer den Teig leicht gewölbt darauf.

Wenn du das Messer ab und zu in Wasser tauchst, geht der Streichvorgang besser. Lasse nun die Lebkuchen 2 Stunden trocknen.

Schlage das Ei in einer Tasse mit der Gabel glatt und bestreiche damit die Lebkuchen. Dann drückst du je eine Haselnuß in die Lebkuchen-mitte.

Bei 165 Grad, auf der 4. Schiene von unten, bäckst du die Lebkuchen ca. 20 Minuten.

Auf einem Kuchengitter läßt du sie auskühlen.

Geräte

Getreidemühle
Schüssel
Teelöffel
Eßlöffel
Nußhacker
Holzbrettchen
Küchenmesser
Backschüssel
Schneebesen
Kochlöffel
Backblech
Messer
hoher Becher
Tasse
Gabel
Backpinsel
Kuchengitter

Orangenplätzchen

Stelle einen gerührten Mürbeteig her. Das geht so:

Rühre in einer Schüssel mit dem Schneebesen die Butter glatt, wiege den Honig dazu und verrühre alles mit dem Ei.

Mit einem feinen Reibeisen reibst du die Schale der gewaschenen Orange (siehe S. 21) in die Schüssel und rührst den ausgepreßten Orangensaft dazu. Das frischgemahlene Weizenvollkornmehl mische mit Backpulver und rühre es mit dem Kochlöffel dazu. Der weiche Teig muß jetzt 1 Stunde, mit Mehl bestreut, ruhen.

Auf einer bemehlten Arbeitsfläche walkst du den Teig, immer nur 1/4 der Menge nehmen, 1/2 cm dick aus. Stich mit einem kleinen runden Glas Plätzchen aus und lege sie nebeneinander auf ein gefettetes, bemehltes Blech (siehe S. 23). Je nach Glasgröße gibt es 40 – 50 Plätzchen, die alle auf ein Blech passen. Bestreiche sie mit Milch und backe sie bei 175 Grad (Gas Stufe 3) ca. 15 Minuten auf der mittleren Schiene.

Hebe sie mit einer Backschaufel vom Blech auf ein Gitter und lasse sie auskühlen.

Zutaten

100 g Butter
80 g Honig
1 Ei
Schale von 1 Orange, unbehandelt
3 EL Orangensaft
250 g Weizenvollkornmehl
1/2 TL Backpulver

Streumehl
3 EL Milch

Geräte

Rührschüssel
Schneebesen
feines Reibeisen
Zitronenpresse
Eßlöffel
Kochlöffel
Getreidemühle
kleines Glas
Backblech
Pinsel
Tasse
Nudelholz
Backschaufel
Kuchengitter
Teelöffel

Teegebäck

Du stellst einen Rührteig her. Das geht so:

In einer Rührschüssel rührst du mit dem Schnee-besen zuerst die weiche Butter cremig (stelle sie rechtzeitig aus dem Kühlschrank, oder stelle sie mit der Schüssel kurz in warmes Wasser).

Dazu rührst du Ei und Honig und reibst auf einer feinen Reibe das Gelbe der Zitronenschale hinein. Die Zitrone preßt du aus und gibst 3 EL Saft dazu.

Das frischgemahlene Weizenvollkornmehl ver-mischst du mit Backpulver und rührst es in die Schüssel.

Auf ein gefettetes Blech setzt du mit 2 Teelöffeln kleine Häuf-chen, ca. 35 Stück. Im vorge-heizten Ofen bäckst du die Plätzchen bei 175 Grad, 25 Minuten, auf der mitt-leren Schiene.

Die fertigen Plätzchen nimmst du mit einer Back-schaufel vom Blech und läßt sie auf einem Ku-chengitter auskühlen.

Zutaten

75 g Butter
1 Ei
125 g Honig
Schale von 1 Zitrone,
  unbehandelt
3 EL Zitronensaft
250 g Weizenvollkornmehl
1 TL Backpulver

Geräte

Rührschüssel
Schneebesen
feines Reibeisen
Küchenmesser
Zitronenpresse
Eßlöffel
Getreidemühle
Backblech
Backpinsel
2 Teelöffel
Backschaufel
Kuchengitter

Vollkorn-
spritzgebäck

Wiege die Butter genau ab, schneide sie klein und rühre sie in einer Teigschüssel sahnig. Ist die Butter recht hart, stelle die Schüssel mit der Butter für einige Minuten in warmes Wasser.

In die cremige Butter rührst du nun das Ei und den Honig. Um den Honig abzuwiegen, stellst du die Schüssel auf die Waage, wiegst sie und läßt dann 125 g Honig langsam hineinlaufen. In diese cremige Masse rührst du die Vanille, die feingeriebenen Mandeln, das frischgemahlene Weizenvollkornmehl und die Milch.

Zutaten

175 g Butter
1 Ei
125 g Honig
1 MS Vanille
75 g feingeriebene Mandeln
250 g Weizenvollkornmehl
2 EL Milch

Nun schraubst du auf die Garnierspritze eine große Sterntülle und füllst sie zu 3/4 voll mit Teig. Auf ein gefettetes Blech spritzt du damit lauter Druckbuchstaben. Zwischen den Buchstaben läßt du etwas Platz, damit sie beim Backen nicht zusammenkleben.

Die angegebene Menge reicht für 2 Bleche mit Buchstaben. Im vorgeheizten Ofen, bei 175 Grad (Gas Stufe 3), mittlere Schiene, werden sie ca. 15 Minuten lang gebacken.

Nimm das heiße Blech vorsichtig mit Topflappen aus dem Herd und stelle es auf ein Gitter zum Abkühlen. Danach kannst du die Buchstaben mit einer Backschaufel auf einen Teller legen.

Geräte

Küchenmesser
Backschüssel
Schneebesen
Nußmühle
Getreidemühle
Garnierspritze
  oder Spritzbeutel
2 Backbleche
Backpinsel
Kuchengitter
Backschaufel
Eßlöffel

Vollkornwaffeln

Wiege die Butter ab und rühre sie mit dem Schneebesen cremig, gib die Eier dazu, rühre weiter
cremig.

Nun wiegst du die Schüssel und läßt 100 g Honig
dazulaufen, diesen rührst du auch gut unter die
Butter.

Zu dem frischgemahlenen Weizenvollkornmehl
gibst du den Zimt, die Nelken, reibst auf einem
feinen Reibeisen leicht das Gelbe der Zitrone darüber, gibst das Backpulver dazu und vermengst
nun alles.

Dieses Mehlgemisch rührst du nun langsam zu
der Creme in deiner Teigschüssel und gießt, ebenfalls langsam, die Milch dazu. Nun hast du einen
mittelfesten Teig, und das Backen kann beginnen.

Zutaten

50 g Butter
2 Eier
100 g Honig
300 g Weizenvollkornmehl
2 TL Zimt
1 MS Nelken
Schale von 1 Zitrone,
   unbehandelt
1 TL Backpulver
1/2 l Milch

Öffne das angeheizte Waffeleisen und pinsele die Backflächen mit Butter ein. Dann gib einen Schöpfer Teig in die Mitte des Waffeleisens und schließe es vorsichtig. Den Regler stellst du auf eine niedrige Stufe ein, damit die Waffeln nicht zu dunkel werden. Nach ca. 2 – 3 Minuten zeigt das Gerät an, daß die Waffel fertig ist. Sie löst sich leicht ab, und du kannst sie mit einer Backschaufel wegnehmen und auf ein Kuchengitter zum Auskühlen legen.

Nun fettest du wieder leicht die Backflächen ein und bäckst die nächste Waffel.

Die angegebene Menge ergibt 12 Waffeln. Dazu schmeckt eine Wassermelone besonders gut. Schneide sie in Schnitze auf, lege sie auf eine Platte und reiche sie dazu.

Geräte

Rührschüssel
Getreidemühle
Schüssel
Schneebesen
Teelöffel
Küchenmesser
feines Reibeisen
Meßbecher
Waffeleisen
Backpinsel
Suppenschöpfer
Backschaufel
Kuchengitter

Süßes Kleingebäck

Mandelbrezeln

Wiege den Weizen ab und mahle ihn mit der Getreidemühle mehlfein in eine Backschüssel. Die Milch erwärmst du ganz leicht (Fingerprobe), bröckelst die Hefe hinein und verrührst gut. In die Mitte des Mehles drückst du eine Vertiefung und gießt die Milch hinein.

Nun rührst du mit einem Kochlöffel etwas Mehl vom Rand dazu, so daß ein dicklicher Brei entsteht. Über den Brei streust du etwas Mehl und läßt dies nun 15 Minuten gehen.

Wenn der mittlere Teig hochgekommen ist, rührst du mit dem Kochlöffel die weiche Butter (eventuell in einer kleinen Pfanne zerschleichen lassen), den Honig (die Schüssel wiegen und den Honig dazuwiegen), das Vollmeersalz und die Rosinen dazu.

Dann knetest du den Teig mit der Hand 5 Minuten lang. Wenn der Teig an der Hand klebt, tauche sie kurz in Wasser und knete weiter.

Jetzt mahlst du noch etwas Mehl, streust es über den Teig und läßt ihn, mit einem Tuch zugedeckt, 45 Minuten gehen. Danach knetest du den Teig nochmals kurz durch und schneidest ihn in 10 gleich große Teile. Aus jedem Teil machst du eine 45 cm lange Rolle und verschlingst sie zu einer Brezel. Die Brezeln legst du auf ein gefettetes Backblech.

Mit einer Gabel schlägst du in einer Tasse ein kleines Ei gut durch, bestreichst damit die Brezeln und bestreust sie mit den feingehackten Mandeln. Im vorgeheizten Backofen bäckst du sie bei 225 Grad (Gas Stufe 5), mittlere Schiene, ca. 15 Minuten. Dann nimmst du das heiße Blech vorsichtig mit Topflappen heraus, stellst es auf Untersetzer und nimmst mit einer Backschaufel die Brezeln ab. Auf einem Kuchengitter abkühlen lassen.

Zutaten

450 g Weizenvollkornmehl
1/4 l Milch
30 g Hefe
50 g Butter
50 g Honig
2 MS Vollmeersalz
100 g Rosinen,
    ungeschwefelt
Streumehl

1 kleines Ei
20 g abgezogene,
    gehackte Mandeln
Streumehl

Geräte

Getreidemühle
Backschüssel
kleiner Kochtopf
Meßbecher
Kochlöffel
kleine Pfanne
Küchenmesser
Eßlöffel
Geschirrtuch
Gabel
Tasse
Backpinsel
Backblech
Backschaufel
Kuchengitter
Untersetzer

Mohn-
schnecken

Das frischgemahlene Weizenvollkornmehl gibst du in eine Backschüssel. Erwärme die Milch ganz leicht und verrühre die Hefe darin. Gieße die Milch in die Mitte des Mehles und verrühre einen Teil des Mehles darin, daß ein dickflüssiger Teig entsteht. Bedecke diesen Teig mit etwas Mehl vom Rand und lasse ihn 15 Minuten gehen.

Wenn der Teig hochsteigt, gibst du die weiche Butter, Eidotter, Vollmeersalz, Saft und leicht abgeriebene Schale von einer halben Zitrone und den Honig dazu. Verrühre dies zuerst mit dem Kochlöffel und dann knete es gut 5 Minuten mit der Hand durch. Klebt der Teig an den Fingern, tauche die Hand kurz ins Wasser und knete weiter.

Nun formst du eine Kugel, bestäubst sie mit etwas Mehl und gibst sie in einem Gefrierbeutel 2 Stunden in den Kühlschrank.

Jetzt machst du die Füllung: Den Mohn mahlst du mit einer Mohnmühle oder mit der Getreidemühle (mit einem Stahl- oder Keramikmahlwerk, Einstellung mittelfein). Erwärme die Milch, gieße sie über

Zutaten

275 g Weizenvollkornmehl
$1/8$ l Milch
20 g Hefe

30 g Butter
1 Eidotter
1 MS Vollmeersalz
Saft und Schale von $1/2$
    Zitrone, unbehandelt
1 EL Honig

Mohnfüllung:
125 g Mohn
knapp $1/8$ l Milch
1 Eiweiß
70 g Honig
1 TL Zimt
1 MS Vanille
40 g Rosinen, ungeschwefelt

den Mohn und lasse ihn 10 Minuten quellen. Schlage das Eiweiß steif, rühre Honig, Zimt, Vanille, den gequollenen Mohn und die Rosinen in den Eischnee. Die Füllung soll streichfest sein.

Auf einer gut bemehlten Arbeitsfläche walkst du den kalten Teig zu einem länglichen Rechteck aus, ca. 1/2 cm dick, dann bestreichst du ihn mit einem Messer gleichmäßig mit der Mohnfüllung. Nun rollst du den Teig von der schmalen Seite her auf und schneidest mit einem Messer von dieser Rolle 10 – 12 Scheiben, die du auf ein gefettetes, bemehltes Blech legst.

Schiebe das Blech in die kalte Backröhre, mittlere Schiene, und lasse die Mohnschnecken bei 100 Grad 30 Minuten gehen. Anschließend bäckst du sie 15 Minuten bei 220 Grad.

Das heiße Blech vorsichtig mit Topflappen herausnehmen und auf Untersetzer stellen. Nimm mit einer Backschaufel die Schnecken vom Blech und lege sie zum Auskühlen auf ein Kuchengitter.

Geräte

Getreidemühle
Backschüssel
kleiner Kochtopf
Meßbecher
Kochlöffel
Küchenmesser
feines Reibeisen
Zitronenpresse
Wasserschüssel
Eßlöffel
Gefrierbeutel
Mohn- bzw. Getreidemühle
schmaler Mixbecher
Elektroquirl
Schüssel
Nudelholz
großes Messer
Backblech
Backpinsel
Untersetzer
Backschaufel
Kuchengitter
Teelöffel

Nußstangen

Das frischgemahlene Weizenvollkornmehl gibst du in eine Backschüssel. Erwärme die Milch ganz leicht (Fingerprobe) und verrühre die Hefe darin. Gieße die Milch in die Mitte des Mehles und verrühre einen Teil des Mehles darin, daß ein dickflüssiger Teig entsteht. Bedecke diesen Teig mit etwas Mehl vom Rand und lasse ihn 15 Minuten gehen.

Wenn der Teig hochsteigt, gibst du die weiche Butter, Eidotter, Vollmeersalz, Saft und leicht abgeriebene Schale von einer halben Zitrone und den Honig dazu. Verrühre dies zuerst mit dem Kochlöffel und dann knete es gut 5 Minuten mit der Hand durch. Klebt der Teig an den Fingern, tauche die Hand kurz ins Wasser und knete weiter.

Nun formst du eine Kugel, bestäubst sie mit etwas Mehl und läßt sie in der Schüssel, mit einem Tuch zugedeckt, etwa 1/2 Std. gehen.

Jetzt machst du die Füllung: Schlage das Eiweiß in einem hohen Becher mit dem Elektroquirl ganz steif und rühre den Honig darunter. Reibe die Nüsse mit der Nußmühle fein und rühre sie in den Eischnee, ebenso den Kakao. Gib etwas Milch dazu, aber nur so viel, daß sich die Nußmasse streichen läßt.

Auf einer gut bemehlten Arbeitsfläche walkst du nun mit dem Nudelholz den Teig rechteckig aus,

Zutaten

275 g Weizenvollkornmehl
1/8 l Milch
20 g Hefe

30 g Butter
1 Eidotter
1 MS Vollmeersalz
Saft und Schale von 1/2
   Zitrone, unbehandelt
1 EL Honig
Streumehl

Nußfüllung:
1 Eiweiß
100 g Honig
100 g Haselnüsse
1 EL Kakao, dunkel
2 – 3 EL Milch

Geräte

Getreidemühle
Backschüssel
kleiner Kochtopf
Meßbecher
Kochlöffel
Küchenmesser
feines Reibeisen
Zitronenpresse
Wasserschüssel
Eßlöffel
hoher Mixbecher
Elektroquirl
Nußmühle
Schüssel
Nudelholz
großes Messer
Backblech
Backpinsel
Untersetzer
Backschaufel
Kuchengitter

ca. 1/2 cm dick. Schneide ihn nun mit einem Messer quer auseinander, so daß 2 gleich große Hälften entstehen. Die eine Teighälfte bestreichst du mit einem Messer gleichmäßig mit der Füllung und deckst die andere Teighälfte darüber. Nun schneidest du mit einem Messer den Teig senkrecht in 10 – 12 Stangen, 2 – 3 cm breit. Drehe jede Stange 2- bis 3mal spiralförmig um sich selbst und lege sie auf ein gefettetes, leicht bemehltes Blech. Lasse sie nochmals 10 Minuten gehen und backe sie dann bei 225 Grad (Gas Stufe 5) 15 Minuten auf der mittleren Schiene.

Nimm das heiße Blech vorsichtig heraus und stelle es auf Untersetzer. Mit einer Backschaufel nimmst du die Stangen vom Blech und läßt sie auf einem Kuchengitter auskühlen.

Osterkränzchen

Das frischgemahlene Weizenvollkornmehl gibst du in eine Backschüssel und machst in der Mitte eine Vertiefung. Die Milch erwärmst du ganz leicht (Fingerprobe), bröckelst die Hefe hinein und verrührst sie gut. Dies gießt du in die Mehlmitte und rührst mit einem Kochlöffel vom Rand her Mehl dazu, bis ein dicker Brei entsteht. Darüber streust du vom Rand Mehl und läßt den Teig 15 Minuten gehen.

In dem Milchtopf läßt du die Butter zerlaufen und gibst sie zum Teig, ebenso Honig, Salz und Rosinen. Das Ei schlägst du auf, gibst es in eine Tasse und schlägst es mit einer Gabel gut durch. Die eine Hälfte des Eies gibst du zum Teig, die andere Hälfte stellst du zum Bestreichen beiseite.

Mit einem Kochlöffel verrührst du nun alles, dann knetest du mit der Hand den Teig 5 Minuten gut durch. Wenn der Teig klebt, tauchst du die Hand kurz in Wasser, dann geht es besser. Nach dem Kneten streust du etwas Mehl über den Teig und läßt ihn, zugedeckt mit einem Tuch, 30 Minuten gehen.

Nun nimmst du den Teig aus der Schüssel, knetest ihn auf einer bemehlten Arbeitsfläche nochmals kurz durch und teilst ihn mit einem Messer in 8 Stücke.

Zutaten

500 g Weizenvollkornmehl
1/4 l Milch
40 g Hefe
50 g Butter
2 EL Honig
1 MS Salz
50 g Rosinen, ungeschwefelt
1 großes Ei
3 EL gehackte Mandeln (40 g)
Streumehl

Geräte

Getreidemühle
Backschüssel
Meßbecher
kleiner Kochtopf
Kochlöffel
Eßlöffel
Küchenmesser
Tasse
Gabel
Wasserschüssel
Geschirrtuch
Backblech
Pinsel
Backschaufel
Kuchengitter

Aus jedem Teil drehst oder flichst du einen Zopf:
Schneide noch mal jedes Stück in 2 oder 3 Tei-
le und rolle aus jedem Teil eine 35 cm lange
Rolle. Verdrehe nun die 2 Rollen miteinander, oder
flechte mit 3 Rollen einen Zopf, den du dann mit
Wasser zu einem Kränzchen zusammenklebst.

Lege die 8 Kränzchen auf ein gefettetes Blech,
bestreiche sie mit dem zurückgestellten Ei und
streue darauf gehackte Mandeln.

Im vorgeheizten Backofen bäckst du sie bei 200
Grad (Gas Stufe 4) auf der mittleren Schiene 20 –
25 Minuten. Nimm vorsichtig das heiße Blech aus
dem Ofen und lege mit einer Backschaufel die
Kränzchen auf ein Gitter zum Auskühlen.

An Ostern legst du jedem ein Kränzchen auf den
Teller und legst ein gefärbtes Ei (siehe S. 267) in die
Kranzmitte.

Rosinenbrötchen

Das frischgemahlene Weizenvollkornmehl gibst du in eine Schüssel und machst in der Mehlmitte eine Vertiefung.

Erwärme die Milch ganz leicht (Fingerprobe), bröckle die Hefe hinein, verrühre sie und gieße sie in die Mehlmitte. Vom Rand her rührst du nun etwas Mehl unter die Milch, so daß ein dicker Brei entsteht. Streue vom Rand her dünn Mehl darüber und lasse den Teig 15 Minuten gehen.

Wenn der Teig hochgestiegen ist, gibst du Vollmeersalz, Honig, Butter und Rosinen dazu. Zuerst verrührst du alles mit dem Kochlöffel und dann knetest du den Teig 5 Minuten gut durch. Wenn er klebt, dann tauchst du deine Hand kurz ins Wasser und knetest weiter.

Zutaten

400 g Weizenvollkornmehl
1/4 l Milch
20 g Hefe (1/2 Würfel)

1 gestrichener TL
   Vollmeersalz
1 EL Honig
1 Scheibe Butter (20 g)
100 g Rosinen,
   ungeschwefelt

Streumehl

Danach bestreust du den Teig rundherum mit Mehl und läßt ihn in der Schüssel, mit einem Tuch bedeckt, eine 3/4 Stunde gehen.

Auf einer bemehlten Arbeitsfläche knetest du den Teig nochmals kurz durch, machst eine Rolle davon und schneidest sie mit einem Messer in 10 – 12 gleich große Teile. Aus jedem Teil rollst du nun eine Kugel und setzt diese auf ein leicht gefettetes Backblech.

Diese Brötchen läßt du nun 10 Minuten gehen. Dann schneidest du sie an der Oberfläche mit einem Küchenmesser kreuzweise ein, ca. 1/2 cm tief. Bei 220 Grad (Gas Stufe 5), mittlere Schiene, bäckst du sie ca. 20 Minuten.

Auf einem Kuchengitter läßt du sie auskühlen.

Geräte

Meßbecher
Getreidemühle
Teigschüssel
Milchtopf
Kochlöffel
Eßlöffel
Teelöffel
Wassertopf
Küchenmesser
Backblech
Geschirrtuch
Kuchengitter

Schneiders Fleck

Das frischgemahlene Weizenvollkornmehl gibst du in eine Schüssel und drückst in die Mehlmitte eine Vertiefung. Erwärme die Milch ganz leicht (Fingerprobe), löse die Hefe darin auf und gieße sie in die Mehlmitte. Mit dem Kochlöffel rührst du vom Rand so viel Mehl in die Milch, bis ein dicker Brei entsteht. Bestäube diesen mit Mehl und lasse ihn 15 Minuten gehen.

In einer kleinen Pfanne läßt du bei schwacher Hitze die Butter zerlaufen und gibst sie mit Honig, Zimt, Nelken und Salz zum gegangenen Teig. Knete nun den Teig 5 Minuten gut durch, forme daraus eine Kugel und wälze diese in dem vorher benützten Butterpfännchen (statt in Streumehl). Mit einem Tuch bedeckt, läßt du ihn 45 Minuten gehen.

Fette ein Backblech, heize die Backröhre auf 100 Grad und zerlasse in dem Pfännchen bei schwacher Hitze Butter und Honig. Walke den gegangenen Teig mit dem Nudelholz auf der Arbeitsfläche (ohne Streumehl, er ist ja bereits fett) 1/2 cm dick

Zutaten

500 g Weizenvollkornmehl
1/4 l Milch oder 1/8 l Sahne und 1/8 l Wasser
40 g Hefe

100 g Butter
1 EL Honig (50 g)
1 TL Zimt
1 MS Nelken
2 MS Vollmeersalz

Zum Wälzen und Bestreichen:
100 g Butter
1 EL Honig (50 g)

aus. Mit einem Teigrädchen fährst du einige Male längs und quer über den Teig, so daß lauter Teigflecke in beliebiger Größe entstehen. Diese wendest du nacheinander in der lauwarmen Butter-Honig-Sauce und legst sie kreuz und quer auf das Blech. Wenn sich die Stücke an manchen Stellen überlappen, macht das gar nichts.

Schiebe das Backblech auf die mittlere Schiene des auf 100 Grad vorgeheizten Ofens, drehe nach 7 Minuten die Temperatur auf 220 Grad und backe noch 15 Minuten weiter.

Nach dem Backen bestreichst du die Flecken auf dem Blech mit der restlichen Butter-Honig-Sauce und legst sie nach einiger Zeit auf ein Gitter zum Auskühlen.

Deine Freunde werden kräftig zulangen, so gut sind sie, auch noch am nächsten Tag.

Geräte

Getreidemühle
Schüssel
Meßbecher
Kochlöffel
kleine Pfanne
Eßlöffel
Teelöffel
Küchenmesser
Geschirrtuch
Backblech
Backpinsel
Nudelholz
Teigrädchen
Kuchengitter

Wanjas Pausekugeln

Mahle den Hafer in der Getreidemühle (Einstellung mittelfein bis grob) zu frischen Flocken. Die Haselnüsse hackst du mit dem Nußhacker auf einem Schneidbrettchen, die Rosinen wäschst du in einem Sieb.

Erhitze nun die Sahne in einem mittelgroßen Topf (bis kurz vor dem Kochen), nimm ihn von der Kochstelle und rühre die Haferflocken hinein. Dann gibst du die Kokosflocken, Haselnüsse, Rosinen und Vanille dazu, wiegst den Honig hinein und verrührst alles mit einem Kochlöffel. Mit der Hand knetest du den Teig nochmals durch und legst ihn, in 10 gleich große Portionen geteilt, auf einen großen Teller. Mit angefeuchteten Händen drehst du aus jeder Portion eine Kugel. In einer kleinen Schüssel wälzt du diese in Kokosflocken und setzt sie auf ein gefettetes Backblech.

Bei 175 Grad, oberste Schiene, bäckst du die Muftis 30 Minuten. Mit einer Backschaufel nimmst du sie vom Blech und läßt sie auf einem Kuchengitter auskühlen.

Muftis schmecken auch noch nach Tagen gut, wenn ... sie bis dahin noch nicht verspeist wurden.

Zutaten

125 g Sprießkornhafer
75 g Haselnüsse
75 g Rosinen, ungeschwefelt
200 g Sahne
125 g Kokosflocken
3 MS Vanille
100 g Honig

2 EL Kokosflocken zum Wälzen

Geräte

Getreidemühle
Schüssel
Nußhacker
Schneidbrettchen
Sieb
mittelgroßer Topf
Kochlöffel
Küchenmesser
Eßlöffel
großer Teller
kleine Schüssel
Backblech
Backpinsel
Backschaufel
Kuchengitter

Allerlei Schleckereien für viele Gelegenheiten

Eis

Eisbombe

(für 10 – 12 Personen)

Stelle eine Porzellanschüssel in den Tiefkühl-schrank oder in das Drei-Sterne-Gefrierfach, da-mit sie kalt wird.

Mache das Vanille-Eis wie beschrieben und gieße die Eiscreme in die gekühlte Porzellanschüssel.

Bedecke nun die Schüssel mit einem Teller oder mit Alufolie und stelle sie ins Gefrierfach. Nach 1 – 1 1/2 Stunden, wenn das Eis anfängt fest zu wer-den, machst du das Erdbeereis wie beschrieben und gießt es auf das Vanille-Eis. Wieder stellst du es zugedeckt ins Gefrierfach. Nach 1 – 1 1/2 Stun-den machst du das Schokoladeneis, gießt es auf das Erdbeereis und stellst es zugedeckt in das Gefrierfach.

Am nächsten Tag, kurz vor dem Servieren, stürzt du das Eis auf einen großen Teller (vorher stellst du es kurz, ca. 1/2 Minute, in warmes Wasser, daß es sich von der Schüssel löst). Mit einem großen Messer, das du immer wieder in heißes Wasser tauchst, zerschneidest du das Eis wie einen Ku-chen. Lege die Scheiben auf Glasteller oder in Schüsselchen. Du kannst noch Sahne darauf spritzen und in jede Por-tion ein Vollkornkeks hineinstecken.

Zutaten

Vanille-Eis (siehe S. 222)
Erdbeereis (siehe S. 219)
Schokoladeneis (siehe S. 221)

Geräte

runde Porzellanschüssel
Teller oder Alufolie
Porzellanteller
großes Messer
hoher Becher

Erdbeereis

Wasche die Erdbeeren, drehe den Stiel heraus und schneide sie in feine Scheiben in einen Suppenteller hinein. Stelle diesen nun auf die Waage, wiege ihn, und lasse den Honig dazulaufen. Dann gibst du noch Delifrut dazu und zerdrückst mit einer Gabel die Erdbeeren im Honig.

In einem hohen Rührbecher schlägst du die Sahne steif. Schlage das Ei auf, gib den Eidotter in die steife Sahne und schlage das Eiweiß zu Schnee.

Mit einem Schneebesen hebst du nun Eidotter, Erdbeeren und Eischnee unter die Sahne. Gieße alles in eine Tiefkühldose, verschließe sie mit dem Deckel und stelle sie in das Drei-Sterne-Gefrierfach oder den Tiefkühlschrank.

Am nächsten Tag ist das Eis fertig, und du kannst es mit dem Eisportionierer oder mit einem großen Löffel (vorher ins heiße Wasser tauchen) verteilen.

Nach der Eisentnahme mußt du die Dose gleich wieder schließen und in den Tiefkühlschrank stellen.

Zutaten

250 g Erdbeeren
80 g heller Honig
1 MS Delifrut
1 Becher Sahne (200 g)
1 Ei

Geräte

Sieb
Suppenteller
Küchenmesser
Gabel
Rührbecher
Elektro-Handrührer
kleine Schüssel
Schneebesen
Stiel-Teigschaber
Tiefkühldose

Melone mit Vanille-Eis

Wasche die Melone, halbiere sie mit dem Messer und hebe mit einem Eßlöffel die Kerne heraus.

Mit einem Melonenmesser oder Teelöffel stichst du nun aus der Melone lauter kleine Bällchen heraus und legst diese in eine Schüssel. Aus dem Vanille-Eis, das du schon gestern gemacht hast, stichst du ebenso kleine Bällchen heraus, ca. 20 Stück. Das restliche Eis gleich wieder in die Tiefkühltruhe stellen.

Die Melone mit den Eisbällchen mischen, in die ausgehöhlte Melone oder in Glasschälchen füllen und gleich servieren.

Bei einem Fest kannst du noch 1 EL geschlagene Sahne darauf tun.

Zutaten

1 reife Netzmelone
(1 Stunde im Kühlschrank gekühlt)
Vanille-Eis (siehe S. 222)

Zum Verzieren:
geschlagene Sahne

Geräte

Küchenmesser
Eßlöffel
Melonenmesser oder Teelöffel
Schüssel
Sahneschläger
hoher Becher

Schokoladeneis

Lasse bei kleiner Hitze die Schokolade in einer kleinen Pfanne zerfließen, gib die Sahne dazu und verrühre sie mit der Schokolade. Stelle dies nun zur Seite, daß es abkühlt.

In eine kleine Schüssel wiegst du den Honig hinein und verrührst ihn gut mit dem Eidotter. Dazu gibst du die abgekühlte Schokolade und verrührst sie ebensogut.

In einem hohen Rührbecher schlägst du die Sahne sehr steif. Das Eiweiß schlägst du auch zu Eischnee. Nun hebst du mit einem Schneebesen die Schokoladencreme und den Eischnee unter die Sahne. Gieße die Creme in eine Tiefkühldose, verschließe sie mit dem Deckel und stelle sie gleich in den Tiefkühlschrank oder in das Drei-Sterne-Gefrierfach.

Am nächsten Tag ist das Eis fertig, und du kannst es mit dem Eisportionierer oder einem großen Löffel verteilen. Nach der Eisentnahme mußt du die Dose mit dem restlichen Eis gleich wieder schließen und in den Tiefkühlschrank stellen.

Zutaten

50 g Bitterschokolade
  oder Schokolade
  mit Bienenhonig gesüßt
3 EL Sahne

50 g Honig
1 Eidotter

1 Becher Sahne (200 g)
1 Eiweiß

Geräte

kleine Pfanne
Eßlöffel
kleine Schüssel
Schneebesen
Stiel-Teigschaber
Rührbecher
Elektro-Handrührer
kleine Schüssel
Tiefkühldose

Vanille-Eis

Richte zuerst alles her, was du brauchst, daß die Eiszubereitung schnell vor sich geht.

Schlage die Sahne in einem Rührbecher sehr steif. Stelle nun das Ganze auf die Waage, wiege es und lasse den Honig dazulaufen. Gib den Eidotter und die Vanille dazu, und rühre alles unter die steife Sahne.

Den Eischnee schlägst du in einer kleinen Schüssel ganz steif und hebst ihn mit einem Schneebesen auch darunter. Jetzt füllst du die fertige Creme in eine Tiefkühldose, verschließt sie und stellst sie in den Tiefkühlschrank oder in ein Drei-Sterne-Gefrierfach. Am nächsten Tag ist das Eis fertig, und du kannst es mit dem Eisportionierer oder mit einem großen Löffel verteilen.

Nach der Eisentnahme mußt du die Dose gleich wieder schließen und in den Tiefkühlschrank stellen.

Zutaten

1 Becher Sahne (200 g)
75 g heller Honig
1 großes oder 2 kleine Eier
1 MS Naturvanille, gemahlen

Geräte

Rührbecher
Elektro-Handrührer
kleine Schüssel
Schneebesen
Küchenmesser
Tiefkühldose
Eisportionierer oder Eßlöffel
Stiel-Teigschaber

222

Getränke

Bananenmilch

(für 2 Personen)

Gieße die Milch in einen hohen Mixbecher. Schäle die reifen Bananen, zerkleinere sie und gib sie mit dem Delifrut in die Milch. Mixe nun alles und serviere die fertige Bananenmilch in einem Krug.

Die Menge ergibt ca. 3/4 Liter.

Statt Bananen kannst du auch Himbeeren, Erdbeeren oder Aprikosen verwenden.

Die Himbeeren oder Erdbeeren werden vorsichtig gewaschen und der Fruchtansatz herausgedreht. Die reifen Aprikosen werden gewaschen und entsteint.

Zutaten

1/2 l Rohmilch
2 große, reife Bananen
2 MS Delifrut

Geräte

Meßbecher
hoher Mixbecher
Mixstab
Küchenmesser
Eßlöffel

Himbeermilch

1/2 l Rohmilch
150 g Himbeeren
1 EL Honig
1 MS Delifrut

Erdbeermilch

1/2 l Rohmilch
150 g Erdbeeren
1 EL Honig
1 MS Delifrut

Aprikosenmilch

1/2 l Rohmilch
200 g reife Aprikosen
1 EL Honig
1 MS Delifrut

Fruchtbowle

Zutaten

2 l Wasser
8 gehäufte EL Früchtetee
(Malve, Hagebutte, Apfel)
750 g reife Pfirsiche
oder Erdbeeren oder
Ananas
Saft von 2 Zitronen,
unbehandelt
4 – 5 EL Honig
$1/2 – 3/4$ l Mineralwasser

Geräte

Meßbecher
Kochtopf, mittelgroß
Eßlöffel
Topf oder Krug
großes Sieb
Schneidbrettchen
Küchenmesser
Zitronenpresse
Eßlöffel
Schüssel
Schneebesen
Bowlenschüssel
Schöpfer

Zuerst kochst du den Früchtetee: Nimm einen mittelgroßen Topf, gib kaltes Wasser und den Tee dazu und stelle ihn zum Kochen auf den Herd. Lasse ihn 5 Minuten kochen und 15 Minuten ziehen, d.h., du stellst ihn zugedeckt beiseite. Dann hängst du in einen zweiten Topf oder Krug ein großes Sieb und gießt den Tee durch. Sei vorsichtig dabei, am besten, du stellst den Topf dazu in das Spülbecken. Wenn der Tee ausgekühlt ist, stellst du ihn in den Kühlschrank.

Wasche das Obst gut, entkerne die Pfirsiche und schneide sie in kleine Würfelchen. Bei Erdbeeren drehst du den Stiel heraus und schneidest sie in Scheiben, nicht zu dünn. Ananas viertelst du wie einen Apfel, schneidest aus jedem Viertel in der

Mitte den Strunk heraus und zerteilst das Viertel nochmals. Nun legst du sie auf ein Schneidbrettchen und schneidest mit einem gezackten Messer die Schale weg. Die Ananas schneidest du nun in kleine Würfelchen.

Presse die Zitronen aus, gib den Saft in eine mittelgroße Schüssel und verrühre den Honig mit dem Schneebesen darin. Dazu gibst du das gewürfelte und geschnittene Obst und vermengst es vorsichtig mit dem Zitronen-Honig-Saft. Stelle dies nun 2 Stunden in den Kühlschrank.

Nach 2 Stunden gibst du die Früchte in eine Bowlenschüssel und gießt den kalten Tee über die Früchte. Im Kühlschrank kannst du die Bowle aufbewahren, bis deine Gäste kommen. Dann gießt du nur noch das Mineralwasser dazu, und du hast ein herrliches durststillendes Getränk. Mit einem Schöpfer verteilst du es in Gläser. Die angegebene Menge ergibt ca. 3 Liter Fruchtbowle.

oder

oder

Kräutertee

Es gibt 2 Zubereitungsarten von Kräutertee.

1. Du setzt das kalte Wasser in einem Topf auf den Herd, 1 Liter ergibt 5 Tassen Tee. Wenn es kocht, stellst du es vorsichtig beiseite und gibst 1 – 2 leicht gehäufte TL Kräuter hinein, verrührst sie und gibst den Deckel darauf. Nach 10 Minuten kannst du den Tee abseihen. Stelle die Teekanne mit einem Teesieb in das Spülbecken und gieße vorsichtig den Tee durch das Sieb.

Diese Zubereitungsart ist für Pfefferminze, Melisse, Kamille und Lindenblüten.

Du kannst die Teekräuter auch in eine Kanne geben, das heiße Wasser vorsichtig darüber gießen und 10 Minuten ziehen lassen. Danach gießt du ihn durch ein Sieb in eine zweite Teekanne.

2. Du setzt das kalte Wasser in einem Topf auf den Herd und gibst gleich den Tee dazu. Du läßt ihn 2 – 3 Minuten leise kochen und stellst ihn dann vorsichtig beiseite. Nach 5 – 10 Minuten kannst du ihn durch ein Sieb gießen.

Diese Zubereitungsart ist für Malve, Hagebutte, Apfelschale, Orangenschale, Früchtetee, Kakaoschale, Fenchel und Anis.

Auf 1 Liter Wasser brauchst du bei Malve, Hagebutte, Apfel- und Orangenschale 1 EL, bei Früchtetee 2 EL, bei Kakaoschale 4 EL und 1 Vanillestange, bei Fenchel und Anis 1 TL.

Zutaten

Wasser
Kräutertee

Geräte

Meßbecher
Wassertopf mit Deckel
Teelöffel
Eßlöffel
Teekanne
Teesieb

Party-Punsch

Die Gewürze und das Wasser gibst du in einen großen Topf und kochst sie 30 Minuten lang. Dann gibst du die Hagebutten, die Malvenblüten und die Schale einer Zitrone dazu und läßt bei abgeschaltetem Herd den Punsch 15 Minuten ziehen.

Hänge ein großes Sieb über einen zweiten Kochtopf und gieße den Punsch durch das Sieb (die Vanillestange holst du aus dem Sieb heraus und läßt sie trocknen, du kannst sie noch oft verwenden).

Verrühre nun den Honig im Tee und gieße den Apfelsaft und den ausgepreßten Zitronensaft dazu.

Den fertigen Punsch kannst du in einer Jenaer Glaskanne servieren. Er schmeckt auch kalt sehr gut. Die angegebene Menge ergibt ca. 2 1/2 Liter Punsch.

Zutaten

2 Zimtstangen
5 Sternanis
10 Nelken
1 – 2 Ingwerstücke (ganz)
1 Vanillestange
gut 2 l Wasser

2 EL Hagebuttenschalen
3 EL Malvenblüten (Hibiskus)
Schale von 1 Zitrone,
  unbehandelt

3 EL Honig
0,7 l Apfelsaft
Saft von 1 Zitrone

Geräte

Meßbecher
großer Kochtopf
Eßlöffel
Sieb

Küchenmesser
2. Kochtopf
Zitronenpresse
Jenaer Glaskanne

Schlemmermilch

(für 2 Personen)

Gib zu der gekühlten Milch die Marmelade und
den Honig und verrühre alles mit einem Schneebesen. Nimm aus dem Vanille-Eis mit dem Eisportionierer oder mit einem Eßlöffel Eis und gib es in
2 Trinkgläser (das Eis stellst du gleich wieder in
den Tiefkühlschrank zurück).

Gieße nun die Milch über das Eis und serviere die
Schlemmermilch mit Trinkhalm.

Zutaten

1/2 l Rohmilch
4 TL kaltgerührte Marmelade
    (siehe S. 256)
    oder kaltgerührte
    Preiselbeeren
    (siehe S. 262)
1 TL Honig
2 – 4 Kugeln Vanille-Eis
    (siehe S. 222)

Geräte

Meßbecher
Rührbecher
Teelöffel
Schneebesen
Eisportionierer oder
    Eßlöffel
2 Trinkbecher
2 Trinkhalme

228

Pikantes

Bunte Käsekugeln

In einem Suppenteller schneidest du den Käse und die Butter in kleine Stücke. Mit einer Gabel zerdrückst und vermengst du beides gut. Den entstandenen »Käseteig« teilst du nun mit einem Teelöffel in 16 Teile und drehst aus jedem Teil eine Kugel. In eine Tasse gibst du 1/2 Teelöffel Paprikapulver, legst eine Kugel hinein und schwenkst die Tasse hin und her, daß die Käsekugel ganz rot wird.

Mit Curry, Kümmel, gehackten oder geriebenen Nüssen und Kräutern machst du es ebenso. Die Tasse mußt du zwischendurch natürlich immer abspülen. Lege die bunten Käsekugeln auf einen Teller und stelle sie in den Kühlschrank.

Zum Anrichten legst du 1 – 2 gewaschene Salatblätter auf einen Teller oder eine kleine Schüssel und ordnest darauf die bunten Käsekugeln an. Du kannst auch kleine bunte Plastikspießchen oder Zahnstocher hineinstecken.

Dazu reichst du Salat und Vollkornbrot, am besten ein selbstgebackenes.

Zutaten

125 g weicher Camembert
25 g Butter
1/2 TL Paprika süß
1/2 TL Curry
1/2 TL Kümmel
2 TL gehackte Walnüsse
2 TL Schnittlauch
1 – 2 Salatblätter

Geräte

Suppenteller
Küchenmesser
Gabel
Teelöffel
Tasse
Holzbrett
Teller
Spießchen

Gebackene Kastanien

(für 2 Personen)

Die Kastanien schneidest du mit einem Messer einmal in der Mitte ein, so tief, daß die Schale offen ist. Das ist wichtig, sonst kannst du sie später nicht gut abschälen.

Die eingeschnittenen Kastanien legst du mit dem Schnitt nach oben in eine Springform.

Im Backofen bei 200 Grad (Gas Stufe 4), mittlere Schiene, werden sie 30 Minuten gebacken. Danach nimmst du die Springform mit Topflappen vorsichtig heraus, läßt sie kurz abkühlen, und schon kannst du die Kastanien servieren.

Mit den Händen wird die Schale entfernt und das Innere der Kastanie gegessen.

Ein Tip: Bratäpfel (siehe S. 251) und gebackene Kastanien zaubern Winterstimmung ins Haus.

Zutaten

250 g Eßkastanien

Geräte

Küchenmesser
Springform

Geröstete Salzmandeln

Koche die Mandeln in Wasser ca. 1 Minute und nimm sie dann von der Kochstelle. Nacheinander holst du die Mandeln eßlöffelweise aus dem Topf, gibst sie in das Sieb und schälst sie gleich ab. Im heißen Zustand geht die Schale leicht ab. Die abgeschälten Mandeln legst du auf ein Geschirrtuch. Dann holst du den nächsten Eßlöffel Mandeln aus dem Topf und verfährst wie beschrieben.

Wenn du alle Mandeln abgeschält hast, tupfst du sie mit dem Tuch trocken.

In einer großen Pfanne röstest du die Mandeln nun ohne Fett (Herdeinstellung 2, wenn 3 die höchste ist). Du wendest sie immer wieder, am besten mit einem Holzbesteck, so daß sie nicht anbrennen. Nach 7 – 10 Minuten sind sie leicht geröstet und leicht braun. Jetzt nimmst du die Pfanne vom Herd, streust ganz wenig Salz darüber, mischst sie gut und gibst sie in ein Schälchen.

Zutaten

100 g Mandeln
ca. 1/4 l Wasser
1 MS Vollmeersalz

Geräte

kleiner Topf
Meßbecher
Eßlöffel
Sieb
Geschirrtuch
Pfanne
Küchenmesser
Holzbesteck

Käseplätzchen

In einer Schüssel mischst du das frischgemahlene Weizenvollkornmehl mit feingeriebenem Käse, Kümmel, Salz und Backpulver. Das Ei schlägst du auf, gibst es in eine Tasse und rührst es mit einer Gabel gut durch. Die Hälfte des Eies gibst du zum Mehl, den Rest stellst du zum Bestreichen beiseite.

Nun schneidest du die kalte Butter in kleinen Stückchen über das Mehl, verrührst zuerst alles mit dem Kochlöffel und knetest dann mit der Hand einen glatten Teig daraus. Diesen läßt du ca. 1 Stunde ruhen.

Auf einer leicht bemehlten Arbeitsfläche halbierst du den Teig und formst aus jedem Teil eine Rolle. Diese schneidest du in je 15 Teile. Aus jedem Teil drehst du eine kleine Kugel, drückst sie etwas flach und legst sie auf ein ungefettetes Backblech. Bestreiche mit einem Backpinsel alle Plätzchen mit dem zurückgelassenen Ei.

Im vorgeheizten Ofen bäckst du sie bei 175 Grad, mittlere Schiene, ca. 20 Minuten goldgelb. Lasse sie auf dem Blech etwas auskühlen und nimm sie erst dann mit der Backschaufel ab.

Zutaten

150 g Weizenvollkornmehl
100 g Emmentaler
1/2 TL Kümmel
2 MS Vollmeersalz
2 MS Backpulver
1 Ei
100 g Butter
etwas Streumehl

Geräte

Schüssel
Getreidemühle
Käsereibe
Teelöffel
Küchenmesser
Tasse
Gabel
Kochlöffel
Backblech
Backpinsel
Backschaufel

232

Käsespießchen
Max und Moritz

Für jede Person brauchst du einen oder mehrere Holzspießchen, schneide den Käse in Würfel oder kleine Stücke, das geputzte Gemüse in Achtel, Scheiben, Würfel, je nach Art, ebenso das Obst.

Spieße nun abwechselnd Käse, Gemüsestücke und Obst in verschiedenen Farben auf.

Dazu kannst du Vollkornbrot oder Vollkornbrötchen mit Butter reichen.

Zutaten

verschiedener Hartkäse, z.B. Emmentaler, Gouda, Butterkäse, Appenzeller und Tilsiter
verschiedenes Gemüse oder Obst, das zum Käse paßt, z.B. Tomaten, rote und grüne Paprikaschoten, Gurken, Birnen, Weintrauben blau und grün

Geräte

Schaschlikspieße aus Holz
Schneidbrettchen
Küchenmesser
Tomatenmesser

Kleiner Imbiß

Bestreiche die 4 Brotscheiben mit Butter. Auf 2 dieser Brotscheiben legst du je eine Käsescheibe oder bestreichst sie mit Tartex. Darauf legst du wiederum die 2 Butterbrotscheiben. Zerschneide die Brote auf einem Schneidbrettchen in ca. 2 × 2 cm große Würfel. Die unregelmäßigen Stückchen werden auch mitverwendet.

Zerschneide nun in große Würfel geschmacklich dazu passendes Gemüse, z. B. Gurken, Tomaten, rote und gelbe Paprikaschoten, Karotten, Kohlrabi und Obst, z. B. Weintrauben, Mandarinen, Bananen, Birnen. Spieße nun abwechselnd Brotwürfel und Gemüse und/oder Obststücke auf Schaschlikspieße aus Holz und reiche es deinen Freunden zum Imbiß.

Du kannst mit gutem Zuspruch rechnen.

Zutaten

4 Scheiben Vollkornbrot
Butter
2 Scheiben Käse oder Tartex

verschiedenes Gemüse oder
   Obst

Geräte

Schneidbrettchen
Messer
Küchenmesser
4 Schaschlikspieße aus Holz

234

Paprikabutter

Rühre in einer Schüssel die weiche Butter mit dem Schneebesen cremig. Gib Tomatenspread, Hefeflocken und Paprika (süß) dazu. Die Paprikaschote schneidest du in feinste Würfelchen und rührst sie mit den anderen Zutaten unter die Butter. Fülle sie in ein Keramiktöpfchen und stelle sie vor dem Servieren kühl.

Zutaten

100 g Butter
2 TL Vitam-Tomatenspread
2 EL Hefeflocken
1 TL Paprika, süß
100 g rote Paprikaschote

Geräte

Rührschüssel
Schneebesen
Teelöffel
Eßlöffel
Schneidbrettchen
Küchenmesser
Stiel-Teigschaber

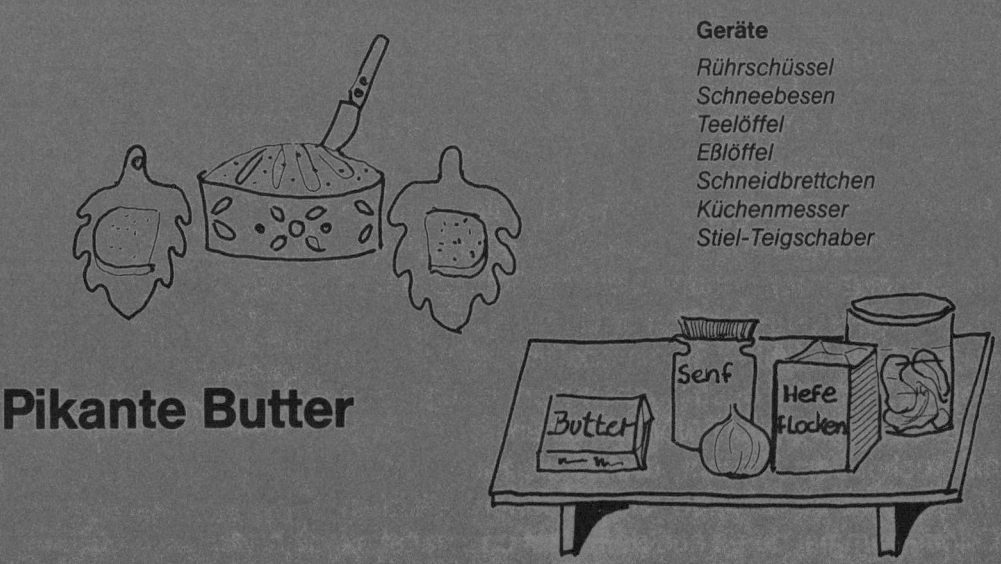

Pikante Butter

Rühre in einer Schüssel die weiche Butter mit dem Schneebesen cremig. Gib Senf, Hefeflocken, die sehr klein geschnittene Gurke und Zwiebel dazu und rühre alles unter die Butter. Mit einem Stiel-Teigschaber füllst du sie in ein Keramiktöpfchen und stellst sie vor dem Servieren kühl.

Zutaten

100 g Butter
2 TL körniger Senf
2 EL Hefeflocken
1 kleine eingelegte Gurke
1 kleine Zwiebel

Partybrot
Lucullus

Du bäckst das Stangenbrot wie auf Seite 134 beschrieben und läßt es auskühlen. Inzwischen bereitest du die Füllung. Sie reicht für 1 Brot, das in 6 Teile geschnitten wird.

Wasche die Salatblätter, schneide die Tomaten quer in Scheiben auf, die Zwiebel in dünne Ringe, die Gurke mit der Schale in dünne Scheiben und die Paprikaschote in Längsstreifen. Das Ei kochst du so: Stich mit einer Stecknadel vorsichtig in die Eispitze, damit es beim Kochen nicht platzt. Dann legst du es mit einem Eßlöffel in einen kleinen Topf mit kochendem Wasser, drehst die Hitze zurück und läßt es 10 Minuten leicht kochen. Mit dem Eßlöffel nimmst du es aus dem Topf und hältst es 1 – 2 Minuten unter das fließende kalte Wasser. Nach dem Erkalten schälst du es ab und schneidest es mit dem Eierschneider in dünne Scheiben.

Für die Sauce verrührst du Sauerrahm mit Tomatenspread und hebst die sehr klein geschnittene Gurke, Zwiebel und Kresse darunter.

Zutaten

*französisches Stangenbrot
    siehe S. 134
4 Salatblätter von Eissalat
    oder Radicchio
200 g Tomaten
1 kleine lila Zwiebel
150 g frische Gurke
1 kleine gelbe Paprikaschote
1 hartgekochtes Ei
Butter
Kräutersalz
100 g Emmentaler oder
    Rohmilch-Camembert*

*Sauce:
100 g Sauerrahm
2 TL Vitam-Tomatenspread
1 kleine eingelegte Gurke
1 kleine Zwiebel
1 EL Kresse*

236

Nun schneidest du das ausgekühlte Stangenbrot waagrecht auf und bestreichst beide Brotseiten mit Butter.

Lege die Unterseite des Brotes auf eine lange Platte oder ein Holzbrett und belege sie wie folgt: Die erste Belagschicht sind knackige Salatblätter, dann folgen Tomatenscheiben und Zwiebelringe, die du leicht mit Kräutersalz bestreust. Darüber werden die Käsescheiben gelegt und auf diese die Gurkenscheiben. Die Sauce verteilst du nun auf den Gurkenscheiben, legst die Eierscheiben in die Sauce und legst zum Abschluß die Paprikaschoten darüber.

Die mit Butter bestrichene Brotoberseite zerschneidest du in 6 Stücke und legst sie auf die Paprikastreifen. Salat, Gemüse und Käse dürfen natürlich über den Brotrand hinausragen. Nun kannst du dein Brot servieren. Bei Tisch wird es dann nach den Einschnitten der Oberseite ganz durchgeschnitten.

Bei einer Party kannst du Salat und Gemüse vorher waschen und schneiden, das Ei kochen, so daß du in kürzester Zeit eine herrliche Überraschung gezaubert hast.

Geräte

Schneidbrettchen
Teller
Küchenmesser
kleiner Topf
Eßlöffel
Eierschneider
kleine Schüssel
kleiner Schneebesen
Brotmesser
längliche Platte
Teelöffel

Party-Stängchen

Mische in einer Schüssel das frischgemahlene Weizenvollkornmehl mit Backpulver und Vollmeersalz. Gib den feingeriebenen Käse dazu, schneide die kalte Butter in kleinen Stückchen darüber und gieße das kalte Wasser hinzu. Dies knetest du alles zu einem geschmeidigen Teig zusammen und läßt ihn 30 Minuten ruhen.

Nun formst du auf der Arbeitsfläche aus dem Teig eine Rolle und schneidest diese in 20 gleich große Stücke. Aus jedem Teigstück rollst du ein ca. 20 cm langes Stängchen. Die Stängchen legst du nebeneinander auf die Arbeitsfläche und bestreichst sie mit verdünntem Eidotter. Jedes Stängchen bestreust du mit einer Art Gewürz und legst sie alle mit etwas Abstand auf ein ungefettetes Backblech. Sie passen alle auf 1 Blech.

Bei 200 Grad, mittlere Schiene, bäckst du sie 25 Minuten. Blech mit Topflappen aus der Röhre nehmen und anschließend die Stängchen mit der Backschaufel auf ein Kuchengitter zum Abkühlen legen.

Zutaten

300 g Weizenvollkornmehl
1 TL Backpulver
1 TL Vollmeersalz
100 g würziger Reibkäse
100 g Butter
1/8 l Wasser

Zum Bestreichen:
1 Eidotter und 1 TL Wasser

Zum Bestreuen:
Mohn, Sesam, Kümmel,
    Paprika

Geräte

Getreidemühle
Schüssel
Teelöffel
feines Reibeisen
Küchenmesser
Meßbecher
Tasse
Backpinsel
Backblech
Backschaufel
Kuchengitter
Topflappen

Popcorn

Du brauchst einen großen Topf mit dickem Boden dazu. Gib die Körner hinein, der Boden soll gerade damit bedeckt sein. Nun stelle den Topf auf die heiße Herdplatte, Einstellung 2½, wenn 3 die größte Hitze bringt.

Schließe den Topf und ziehe Topfhandschuhe an. Nun mußt du zuerst den Topf ständig hin und her schieben. Wenn die Maiskörner zu krachen beginnen, nimmst du den Topf an beiden Henkeln, hältst mit den Daumen den Deckel zu und schüttelst ihn immer wieder und stellst ihn zurück auf die Platte.

Die Maiskörner im Topf müssen ständig bewegt sein, damit sie bei der großen Hitze nicht anbrennen. Nach 3 – 5 Minuten hört es auf zu krachen. Nimm den Topf von der Platte und öffne ihn. Er ist bis zum Rand voll mit Puffmais. Schütte das Popcorn gleich in eine Schüssel, damit es nicht im Topf anbäckt.

Nach Belieben kannst du 1 Prise Vollmeersalz darüberstreuen.

Zutaten
125 g Puffmaiskörner

Geräte
*großer Topf mit
  dickem Boden
2 Topfhandschuhe
Schüssel*

Schlemmer-Igel für Partys oder kleine Feste

(für 3 – 4 Personen)

Mit einem großen Messer schneidest du unten am Krautkopf eine Scheibe ab, damit dieser gut stehen kann und nicht wackelt. Löse nun so viel äußere Deckblätter ab, bis er ganz sauber ist.

Nun bestreichst du die dünnen Brotscheiben mit Butter, dann mit Käse und legst darauf eine mit Butter bestrichene Scheibe. Diese bestreichst du auf der Rückseite auch mit Butter, dann mit Käse und legst darauf wieder ein Butterbrot. Je vier Brote sollen am Ende aufeinanderliegen, die zwischendrin mit Butter, Käse oder einem anderen Belag bestrichen sind.

Zutaten

1 großer Weißkrautkopf
750 g Vollkornschnittbrot
Butter
verschiedene Käsesorten
Tartex oder ähnliche
   Aufstriche

Zum Verzieren:
grüne und blaue Weintrauben
– oder Mandarinenscheibchen
– oder kleine Tomaten
– oder kleine Gürkchen
– oder Oliven
– oder Perlzwiebeln

240

Dieses Vierfach-Brot schneidest du in 12 Stücke. Die nun entstandenen Brotwürfel pickst du mit einem Zahnstocher auf und drückst ihn durch das Brot auf den Krautkopf. Den Krautkopf bespickst du nun mit all den Broten, die du vorher bestrichen und zerschnitten hast.

Zur Verzierung drückst du nun von oben etwas Leckeres auf die Brote, beispielsweise Weintrauben, Tomaten oder Gürkchen. Dann ist dein Igel fertig, und du hebst ihn vorsichtig auf einen Holzteller oder auf eine Platte. Wenn du ihn nicht gleich verzehrst, mußt du ihn kühl stellen und eventuell auch mit Folie abdecken, damit die Brote nicht austrocknen.

Das wird bestimmt eine leckere Überraschung, wenn deine Freunde kommen.

Geräte

großes Messer
Messer zum Streichen
Schneidbrettchen
Zahnstocher

241

Schleckereien

Aprikosenkugeln

Reibe die Haselnüsse mit der Nußreibe fein, gib davon 1 EL in eine Tasse und stelle es einstweilen beiseite. Die übrigen gemahlenen Haselnüsse beträufelst du mit 1 – 2 EL frisch ausgepreßtem Zitronensaft und läßt sie mit den Aprikosen durch den Gemüsewolf. Die durchgelassene Masse läßt du dann ein zweites Mal durch den Gemüsewolf.

Zu dieser Masse gibst du den Honig und drückst ihn mit einer Gabel gut darunter. Aus dem entstandenen Teig machst du Kugeln, etwa 15 Stück. Nacheinander wälzt du sie dann in einer Tasse mit den geriebenen Haselnüssen.

So schnell und einfach kannst du dir selbst gesunde Schleckereien zubereiten.

Zutaten

100 g Haselnüsse
½ Zitrone, unbehandelt
100 g getrocknete Aprikosen, ungeschwefelt
1 EL Honig

Geräte

Nußreibe
Schüssel
Tasse
Gemüsewolf
Zitronenpresse
Küchenmesser
Eßlöffel
Gabel

Früchtewürfel

Mahle den Hafer mit der Getreidemühle (Einstellung wie bei Frischkornbrei).

Presse die Orange aus, gib davon 5 – 6 EL zu den Haferflocken und vermische sie.

Lasse nun das Trockenobst mit den getränkten Haferflocken zweimal durch den Gemüsewolf. Knete unter den entstandenen Teig noch 1 EL Honig und streiche mit einem Messer den Teig 1 cm dick auf eine Porzellanplatte. Mit einem Küchenmesser zerschneidest du kreuzweise die aufgestrichene Masse so, daß Würfel, ca. 2 × 2 cm, entstehen. Die Würfel wendest du in Kokosflocken, und schon hast du eine feine und gesunde Schleckerei.

Zutaten

150 g grobe
  Vollkornhaferflocken
1 Orange
250 g Trockenobst gemischt,
  z. B. Feigen, Pflaumen,
  Rosinen, Aprikosen
1 EL Honig
1 EL Kokosflocken

Geräte

Getreidemühle
Zitronenpresse
Küchenmesser
Eßlöffel
Gemüsewolf
Schüssel
Porzellanplatte
Teller

Mandel-
Konfekt

Reibe die Mandeln mit einer Nußmühle fein, gib davon 1 EL in eine Tasse und stelle sie beiseite.

Zu den restlichen Mandeln gibst du die Vanille und 4 EL ausgepreßten Orangensaft.

Entkerne nun die Datteln, wiege sie und lasse sie zusammen mit den Nüssen zweimal durch den Gemüsewolf. Aus dem entstandenen Teig formst du eine Rolle und schneidest sie in ca. 15 Teile. Aus jedem Teil rollst du eine Kugel und gibst diese einzeln in die Tasse mit den geriebenen Mandeln.

Wenn du die Tasse langsam schwenkst, wird die Kugel ringsum mit Mandeln bedeckt.

In kleinen bunten Papier-Konfekt-schälchen kannst du sie deinen Freunden anbieten.

Zutaten

100 g Mandeln
1 MS Vanille
1 Orange
100 g entkernte Datteln

Geräte

Nußmühle
Eßlöffel
Tasse
Schneidbrettchen
Zitronenpresse
Küchenmesser
Gemüsewolf
Schüssel
bunte Papier-
*   Konfektschälchen*

Mandel-Krokant-Häufchen

Butter, Honig und Sahne läßt du in einem kleinen Topf zerlaufen, kochst es kurz 1 Minute auf und nimmst ihn von der Kochstelle.

Wie du Mandeln abziehst, ist bei dem Rezept Marzipankartoffeln (siehe S. 248) beschrieben. Auf einem Holzbrettchen zerkleinerst du mit einem Nußhacker die Mandeln grob. Dann mischst du Karobe oder Kakao, Vanille und feine Haferflocken (Getreidemühleneinstellung zwischen Mehl und Frischkornbrei) dazu. Dies rührst du nun unter das leicht abgekühlte Butter-Honig-Gemisch.

Mit einem Teelöffel machst du aus der Masse kleine Häufchen auf eine Porzellan- oder Cromarganplatte und stellst sie in den Kühlschrank.

Nach einer Stunde kannst du sie mit einem Messer von der Platte abnehmen und in bunte Papier-Konfektschälchen legen oder . . . auch gleich essen.

Die angegebene Menge ergibt ca. 20 Stück.

Zutaten

50 g Butter
50 g Honig (= ca. 1 EL)
2 EL Sahne

100 g abgezogene Mandeln
1 EL Karobe oder
  dunkler Kakao
1 MS Vanille
2 EL feine Haferflocken

Geräte

kleiner Kochtopf
Eßlöffel
Messer
Kochlöffel
Nußhacker
Holzbrettchen
Getreidemühle
kleine Schüssel
Teelöffel
Porzellan- oder
  Cromarganplatte

Marzipanfiguren

Mit Marzipanfiguren kannst du den Eßtisch bei Festen und Einladungen hübsch dekorieren.

Die Marzipanmasse stellst du nach dem Rezept auf Seite 248 her und legst das fertige Marzipan 1 Stunde in den Kühlschrank.

Osterhase

Drehe je 1 EL und 1 TL Marzipanmasse zu je einer Kugel. Gib in eine Tasse 1 TL Karobe oder Kakao und schwenke die Kugeln darin, daß sie ringsum gleichmäßig braun sind.

In die große Kugel stichst du einen halbierten Zahnstocher in die Mitte und setzt darauf die kleine Kugel. Zwei Pinienkerne drückst du als Ohren und einen Kern als Schwänzchen hinein.

Aus der Marzipanmasse kannst du ca. 5 Häschen formen. Im Kühlschrank läßt du sie wieder fest werden.

Zutaten

Marzipanmasse (siehe S. 248)
1 – 2 TL Karobe oder Kakao
15 Pinienkerne

Geräte

Schüssel
Eßlöffel
Teelöffel
Tasse
3 Zahnstocher

Schneemann

Dazu brauchst du 5 Marzipankugeln verschiedener Größe: Drehe aus jeweils 1 EL, 1 gehäuftem TL, 1 TL und 2 × $^1/_2$ TL Marzipanmasse je 1 Kugel.

In die größte Kugel stichst du einen halbierten Zahnstocher in die Mitte. Darauf setzt du die nächstgrößere Kugel und dann die drittgrößte. Die beiden kleinen Kugeln drückst du als Arme an die mittlere Kugel. Nun formst du aus der Marzipanmasse noch einen kleinen Hut. In ein Teesieb gibst du etwas Kakao oder Karobe, bestäubst damit den Hut und drückst ihn auf den Kopf.

Die Teigmenge ergibt 3 – 4 Schneemänner.

Im Kühlschrank läßt du sie wieder fest werden.

Zutaten

Marzipanmasse (siehe S. 248)
1 TL Karobe oder Kakao

Geräte

Schüssel
Eßlöffel
Teelöffel
Teesieb
2 Zahnstocher

Igelfamilie

Drehe zunächst aus der Marzipanmasse aus je 1 EL oder 1 TL Masse Kugeln von verschiedener Größe. Die Kugeln schwenkst du in einer Tasse mit etwas Karobe oder Kakao, daß sie ringsum gleichmäßig braun sind. Lege sie nun auf einen Teller und drücke mit Daumen und Zeigefinger gleichzeitig Augenhöhlen und Nase des Igels in jede Kugel.

Aus abgezogenen Mandeln schneidest du Stifte und steckst sie als Stacheln in den Körper.

Die Menge ergibt ca. 4 große und 10 kleine Igel.

Im Kühlschrank läßt du sie wieder fest werden.

Zutaten

Marzipanmasse (siehe S. 248)
1 TL Karobe oder Kakao
5 EL gestiftelte Mandeln

Geräte

Eßlöffel
Teelöffel
Tasse
Schneidbrettchen
Küchenmesser

Marzipankartoffeln

(ca. 20 Stück)

Bringe in einem kleinen Topf ca. $^1/_2$ Liter Wasser
zum Kochen. Schütte die Mandeln und die Bitter-
mandeln hinein und lasse sie 5 Minuten stehen.
Mit einem Eßlöffel nimmst du vorsichtig eine Mandel heraus und probierst, ob sich die Haut ab-
schieben läßt. Wenn das leicht geht, gießt du die
Mandeln in ein Sieb und fängst gleich an, sie
abzuschälen. Sie dürfen nicht auskühlen, sonst
wird die Haut wieder fest.

Die abgeschälten Mandeln trocknest du etwas mit
Küchenpapier oder einem Tuch. Dann reibst du
sie mit der Nußmühle fein und gibst das Rosenwasser dazu.

Die getränkten Mandeln läßt du nun zweimal durch
den Gemüsewolf.

Zutaten

$^1/_2$ l Wasser
100 g Mandeln
5 bittere Mandeln
1 – 2 EL Rosenwasser
   (bekommst du in der
   Drogerie oder
   Apotheke)
40 g Honig (1 EL)
1 TL Karobe oder
   dunkler Kakao

Nun gibst du den Honig dazu und vermischst ihn mit den Mandeln. Der Teig darf nicht zu weich sein.

Aus diesem Marzipanteig formst du eine Rolle, schneidest diese in ca. 20 Stücke und rollst aus jedem Stück eine Kugel. In eine Tasse gibst du nun Karobe oder Kakao und eine Marzipankugel. Du schiebst nun die Tasse hin und her, so daß die Kugel auf allen Seiten braun ist. Diese legst du nun vorsichtig auf einen Teller und schwenkst die anderen ebenso in der Tasse.

Die fertigen Marzipankartoffeln stellst du noch 1 – 2 Stunden kühl, damit sie gut durchziehen.

Du wirst sehen, man kann sie keinen Augenblick unbewacht stehen lassen.

Geräte

Meßbecher
kleiner Topf
Sieb
Geschirrtuch
Nußmühle
Gemüsewolf
Eßlöffel
kleine Schüssel
Tasse
Teelöffel

249

Schneebällchen

In einer Schüssel rührst du die weiche Butter mit Honig und Karobe oder Kakao glatt. Den Hafer mahlst du mit der Getreidemühle – Einstellung wie beim Frischkornbrei –, damit feine Haferflocken entstehen. Diese rührst du nun mit der Sahne in die Schüssel. Nun knetest du mit der Hand den entstandenen Teig kurz durch. Mit einem Teelöffel stichst du ca. 25 Teile ab und legst sie auf eine Platte. Aus jedem Teil drehst du zwischen den Handflächen eine Kugel.

Gib die Kokosflocken in eine große Tasse, lege eine Kugel hinein und schwenke sie, bis sie rings-um weiß ist. Das wiederholst du mit allen Kugeln.

Die fertigen Kugeln legst du auf eine Platte und läßt sie im Kühlschrank einen Tag durchziehen. Ob du das wohl erwarten kannst? Dann servierst du sie gekühlt.

Zutaten

50 g Butter
80 g Honig
3 TL Karobe oder Kakao
200 g Hafer
4 EL Sahne
3 EL Kokosflocken

Geräte

Rührschüssel
Schneebesen
Eßlöffel
Teelöffel
Getreidemühle
Kochlöffel
Platte
Tasse

Süßes

Bratäpfel

(für 2 Personen)

Aus den gewaschenen Äpfeln stichst du mit dem Apfelausstecher Stiel, Blüte und das Kernhaus heraus, am besten von beiden Seiten.

Die Haselnüsse reibst du mit der Nußreibe und vermischst sie mit Honig und Rosinen. Diese Füllung stopfst du nun in die ausgestochenen Äpfel.

In einer gefetteten Springform oder Auflaufform bäckst du die Äpfel bei 200 Grad, unterste Schiene, 25 – 30 Minuten.

Leicht abgekühlt, kannst du sie servieren.

Zutaten

4 große Äpfel
(Sorte Boskoop)
40 g Haselnüsse
1 EL Honig
1 EL Rosinen

Geräte

Apfelausstecher
Holzbrett
Nußreibe
Eßlöffel
kleine Schüssel
Springform oder
Auflaufform

Brotaufstrich
Leckermäulchen

Rühre in einer Schüssel das weiche Erdnußmus,
die weiche Butter, den flüssigen Honig und Karobe oder Kakao glatt. Schon ist ein herrlicher
Aufstrich für Brot, Brötchen, Knäckebrot oder Waffeln fertig. Mit einem Stiel-Teigschaber füllst du ihn
in ein Glas und stellst dieses verschlossen in den
Kühlschrank.

Zutaten

75 g Erdnußmus
75 g Butter
75 g Honig
1 EL Karobe oder Kakao

Geräte

Schüssel
Eßlöffel
Schneebesen
Stiel-Teigschaber
Glas

Erdbeergrütze

(für 2 Personen)

In einem kleinen Topf verrührst du Apfelsaft mit Delifrut und stellst es zum Kochen auf den Herd. Wenn der Saft kocht, läßt du die Perltapioka einlaufen, stellst die Hitze klein und läßt es 15 – 20 Minuten leicht weiterkochen. Dabei mußt du öfters umrühren, damit sich nichts am Topfboden anlegt.

Wasche in der Zwischenzeit die Erdbeeren, entferne den Blütenansatz und mixe sie mit Honig.

Den fertigen Tapiokabrei läßt du etwas auskühlen und rührst dann mit einem Schneebesen die gemixten Beeren unter. Fülle dies nun in eine Glasschüssel und lasse es im Kühlschrank erstarren.

Die restlichen Erdbeeren wäschst du nur und beläßt den Blütenansatz.

Mit steifgeschlagener Sahne spritzt du große Tupfer mit der Garnierspritze auf die Grütze und steckst die Erdbeeren, mit dem Stiel nach oben, in die Sahnetupfer.

Zutaten

1/4 l Apfelsaft
1 MS Delifrut
75 g Perltapioka (Sago)

300 g Erdbeeren, netto
100 g Honig

Zum Verzieren:
100 g Sahne
100 g Erdbeeren

Geräte

kleiner Kochtopf
Meßbecher
Küchenmesser
Kochlöffel
Mixgerät
Mixbecher
Eßlöffel
Schneebesen
Stiel-Teigschaber
Glasschüssel
Sahneschläger
hoher Becher
Garnierspritze

Kiwicreme

(für 2 Personen)

Schneide die Kiwis quer auf, schneide 2 Scheiben ab und lege sie einstweilen beiseite. Du brauchst sie später zum Verzieren. Mit einem Teelöffel nimmst du nun das Fruchtfleisch aus den Kiwis.

Das Fruchtfleisch mixt du mit Honig, Quark und Vanille und füllst die fertige Creme in 2 Glasschälchen. In die Mitte legst du eine abgeschälte Kiwischeibe und rundherum einige Nußkerne.

Kiwicreme mußt du immer frisch zubereiten und sofort servieren.

Du kannst die Creme auch mit Erdbeeren, Himbeeren, Bananen und reifen Aprikosen zubereiten. Diese Cremes kannst du bis zum Servieren in den Kühlschrank stellen.

Zutaten

2 Kiwis
1 TL Honig
125 g Sahnequark, 40 %
1 MS Vanille
einige Walnußkerne

Geräte

Schneidbrett
Küchenmesser
Teelöffel
Mixbecher
Mixgerät
Gummilöffel
2 Glasschälchen

254

Kompott
aus rohem Obst

(für 2 Personen)

Das Obst, aus dem du das Kompott zubereitest, soll reif und saftig sein. Du wäschst und entkernst es und schneidest es in kleine Würfel.

Im ausgepreßten Zitronensaft verrührst du mit dem Schneebesen den Honig und das Delifrut, gießt es über das geschnittene Obst und vermengst es vorsichtig. Nun läßt du das Kompott eine halbe Stunde stehen, damit es saftig wird.

Es schmeckt nicht nur als Nachtisch gut, sondern auch zu Brei oder Auflauf.

Zutaten

600 g reifes Obst (z.B.
* Pfirsiche, Birnen,*
* Aprikosen, Melonen,*
* Kirschen)*
Saft von 1 Zitrone,
* unbehandelt*
1 – 2 TL Honig
1 MS Delifrut

Geräte

Holzbrettchen
Küchenmesser
Zitronenpresse
Teelöffel
Schüssel
Eßlöffel
kleiner Schneebesen

255

Marmelade aus rohem Obst

Wasche das Obst sauber, lasse es in einem Sieb abtropfen und entkerne die Aprikosen oder Zwetschgen, oder drehe den Blütenansatz bei Erdbeeren, Himbeeren oder Brombeeren heraus, oder perle die Früchte bei Johannisbeeren vom Stiel ab.

Dann gibst du das Obst in den Mixbecher, wiegst Honig dazu, gibst Agar-Agar hinein und mixt es kurz. Fülle es nun mit Hilfe eines Stiel-Teigschabers in einen Kochtopf und erwärme es unter ständigem Rühren bei mittlerer Hitze. Es darf nur leicht warm werden, damit das Agar-Agar quillt und die Marmelade andickt. Probiere deshalb ständig die Marmelade mit einem kleinen Löffel, daß sie nur lauwarm ist und nicht zu heiß wird.

Dann füllst du sie in ein Glas- oder Keramikgefäß und bewahrst es verschlossen im Kühlschrank auf. So gekühlt, hält die Marmelade 2 – 3 Wochen.

Diese rohe Marmelade schmeckt gut als Pfannkuchenfüllung, in Dickmilch oder Joghurt gerührt und natürlich besonders als Aufstrich auf dein selbstgebackenes Brot.

Zutaten

400 g reifes, frisches Obst, z. B. Aprikosen, Brombeeren, Erdbeeren, Himbeeren, rote und schwarze Johannisbeeren, Zwetschgen
125 g Honig
1 gehäufter TL Agar-Agar

Geräte

Mixbecher
Mixgerät
Eßlöffel
Teelöffel
kleiner Kochtopf
Stiel-Teigschaber
Kochlöffel
Glas- oder Keramikgefäß

Melone Schlaraffenland

(für 2 Personen)

Wasche die Melone, halbiere sie mit einem Messer und hebe mit einem Löffel die Kerne heraus. Schneide nun die beiden äußeren Spitzen etwas ab, damit sie auf einem Teller gut stehen bleibt. In den Rand der Melonenhälften kannst du Zacken schneiden.

Schlage die Sahne steif, gib den Honig dazu und schlage noch kurz weiter.

Von den gewaschenen Himbeeren behältst du 6 Stück zum Verzieren zurück, die restlichen mengst du unter die geschlagene Sahne. Diese Himbeersahne füllst du jetzt in die ausgehöhlte Melone, verzierst sie mit Himbeeren und richtest sie auf einem Teller an.

Du kannst sie auch vorher noch 15 Minuten in den Kühlschrank stellen.

Mit einem Teelöffel stichst du dir das Fruchtfleisch der Melone aus der Schale und ißt es mit der Himbeersahne.

Zutaten

1 reife Honigmelone
100 g Sahne ($^1/_2$ Becher)
2 TL Honig
150 g Himbeeren

Geräte

Küchenmesser
Eßlöffel
2 Teller
Sieb
hoher Becher
Elektroquirl oder
 Sahneschläger
Teelöffel

Nußbutter

Reibe mit einer Nußmühle die Nüsse fein. In einer Rührschüssel rührst du Honig mit weicher Butter mit dem Schneebesen glatt. Nun gibst du die gemahlenen Nüsse und Delifrut dazu und verrührst alles gut mit einem Kochlöffel.

Die fertige Nußbutter füllst du mit dem Stiel-Teigschaber in ein Keramiktöpfchen und stellst sie bedeckt zum Erkalten in den Kühlschrank.

Zutaten

*100 g Nüsse gemischt, z.B.
    Haselnüsse und Mandeln*
100 g Honig
100 g Butter
2 MS Delifrut

Geräte

Nußmühle
Rührschüssel
Eßlöffel
Messer
Schneebesen
Kochlöffel
Stiel-Teigschaber
Keramiktöpfchen

Obstspießchen
Tuttifrutti

Für jede Person brauchst du ein oder mehrere Holzspießchen, je nach Länge. Das Obst wird nun so hergerichtet, daß du es in größeren Würfeln oder Stückchen aufspießen kannst. Die Orange wird geschält und in Würfel zerschnitten, die Banane geschält und in dicke Scheiben geschnitten. Kirschen werden entkernt, Birnen und Äpfel viertelst du, schneidest das Kernhaus heraus und teilst sie in Stücke. Ananas schneidest du auf wie einen Apfel, schneidest mit einem gezackten Messer den mittleren Strunk und die Schale ab und würfelst sie auch.

Nun spießt du nacheinander verschiedene Obstsorten auf den Holzspieß. Achte darauf, daß du auch mit den verschiedenen Obstfarben wechselst.

Diese Obstspießchen kannst du an Geburtstagen oder bei anderen Einladungen als Vorspeise oder zwischendurch reichen.

Zutaten

*verschiedenes Obst in
verschiedenen Farben,
nach der Jahreszeit
z. B. Orangen, Birnen,
Bananen, blaue und grüne
Trauben, Kirschen, Äpfel,
Ananas, Pflaumen*

Geräte

*Schaschlikspieße aus Holz
Schneidbrettchen
Küchenmesser
gezacktes Messer*

Quarkcreme mit Obst

(für 2 Personen)

In einer Rührschüssel verrührst du mit einem Schneebesen den Magerquark mit Sahne, Honig und Delifrut.

Das Obst wird, je nach Sorte, geschält (z. B. Bananen, Orangen), entsteint (z. B. Kirschen, Aprikosen) oder entkernt (z. B. Birnen, Äpfel) und in kleine Scheiben oder Würfelchen geschnitten.

In einer Schüssel vermischst du das Obst mit dem ausgepreßten Zitronensaft. Dann verteilst du es in 2 Kompottschalen und gibst die Quarkcreme darüber. Die Nüsse schneidest du in kleine Stücke und streust sie über die Quarkcreme.

Nach Belieben kannst du sie 15 Minuten kühl stellen.

Zutaten

200 g Magerquark
6 EL Sahne
2 EL Honig
2 MS Delifrut

500 g Obst der Jahreszeit, entweder eine Sorte oder gemischt
Saft von 1/2 Zitrone, unbehandelt
2 EL Mandeln oder Haselnüsse

Geräte

Rührschüssel
Schneebesen
Eßlöffel
Küchenmesser
Holzbrettchen
Zitronenpresse
Schüssel
Kompottschalen

Rohes Apfelmus

(für 2 Personen)

Die Äpfel schneidest du in Viertel und nimmst das Kernhaus heraus. Die Schale der Äpfel wird mitgerieben, wenn sie nicht sehr hart und runzelig ist.

Presse die Zitrone aus, verrühre sie in einer Schüssel mit Honig und Delifrut und reibe die Äpfel auf einer feinen Rohkostreibe hinein. Vermische alles gut und serviere es gleich.

Du kannst es zu Kartoffelpuffern, Pfannkuchen oder Aufläufen essen, auch als Nachtisch oder als Zwischenmahlzeit in der heißen Jahreszeit schmeckt es köstlich.

Serviere das Apfelmus als Nachtisch mit etwas steifgeschlagener Sahne garniert.

Zutaten

500 g Äpfel
Saft von 1 Zitrone,
*   unbehandelt*
1 EL Honig
1 MS Delifrut

Geräte

Küchenmesser
Zitronenpresse
Eßlöffel
Schneebesen
Schüssel
Rohkostreibe

Rohes
Preiselbeerkompott

Die reifen Preiselbeeren mußt du sauber verlesen und in einem Sieb waschen. Dann gibst du sie in einen hohen Mixbecher, wiegst den Honig dazu und mixt mit Agar-Agar und Delifrut alles zusammen. Es soll jedoch nicht so fein gemixt sein wie die meisten Marmeladen, man soll noch einige Beeren sehen.

Nun erwärmst du die Masse unter Rühren in einem Topf, sie darf jedoch nur lauwarm werden. Nimm den Topf vom Herd und lasse noch 10 Minuten quellen. Fülle alles in ein Glas oder eine kleine Schüssel und stelle es bis zum Verbrauch in den Kühlschrank. Nach ca. 3 Wochen solltest du es verbraucht haben.

Das Kompott schmeckt sehr gut zu Kartoffelpuffern oder Pfannkuchen, über das Vanille-Eis gegossen oder in die Sauermilch gerührt.

Zutaten

400 g Preiselbeeren
125 g Honig
1 gehäufter TL Agar-Agar
1/2 TL Delifrut

Geräte

Sieb
hoher Mixbecher
Teelöffel
Mixgerät
kleiner Kochtopf
Kochlöffel
Glas oder kleine Schüssel

Rohes
Zwetschgenmus

(für 2 Personen)

Wasche die Zwetschgen, entkerne sie und gib sie in einen hohen Mixbecher. Gib Honig und Delifrut dazu und mixe alles.

Fülle das Mus in eine Kompottschüssel und serviere es gleich. Es paßt zu Kartoffelpuffern, Pfannkuchen oder Aufläufen oder zum Frischkornbrei.

Zutaten

500 g Zwetschgen
1 EL Honig (nur bei sauren Zwetschgen)
2 MS Delifrut

Geräte

Küchenmesser
hoher Mixbecher
Eßlöffel
Mixstab
Kompottschüssel

Schokoladencreme

(für 2 Personen)

Gieße das abgemessene Wasser in einen kleinen Topf. Mische das frisch und sehr fein gemahlene Weizenvollkornmehl mit Karobe oder Kakao und rühre es mit dem Schneebesen in das Wasser.

Unter ständigem Rühren bringst du es nun zum Kochen, läßt es 1 Minute kochen und stellst es zum Abkühlen in kaltes Wasser (Spülbecken).

In der Zwischenzeit schlägst du die Sahne steif: Du füllst sie in ein hohes, schmales Gefäß und schlägst sie mit dem Elektroquirl oder Handquirl steif. Aufpassen, zu langes Schlagen ergibt Butter! Wenn die Creme abgekühlt ist, rührst du den Honig dazu und hebst die Sahne darunter. Du kannst ca. 4 EL geschlagene Sahne in die Garnierspritze füllen und die in 2 Schüsselchen verteilte Creme damit verzieren.

Danach stellst du sie noch 1/2 – 1 Stunde kühl.

Zutaten

1/4 l Wasser
50 g Weizenvollkornmehl
1 gehäufter TL Karobe oder
    dunkler Kakao

1/2 Becher Sahne (100 g)
1 EL Honig (50 g)

Geräte

kleiner Topf
Meßbecher
Getreidemühle
Teelöffel
kleiner Schneebesen
Eßlöffel
schmaler Topf
Elektroquirl
Stiel-Teigschaber
Garnierspritze

264

Schwarzbeer-Kaltschale

(für 2 Personen)

Wasche die Schwarzbeeren in einem Sieb und gib sie in eine breite, niedere Schüssel.

Gib Honig und Zimt dazu und zerdrücke die Beeren mit einer Gabel zu einem groben Mus. Gieße nun unter Rühren die Milch dazu und stelle dann die Schüssel in den Kühlschrank.

Nach ca. 15 Minuten ist die Milch dicklich geworden, und du kannst sie servieren.

Dazu schmecken Vollkornwaffeln (siehe S. 202) ganz herrlich.

Zutaten

300 g Schwarzbeeren
   (Heidelbeeren)
2 TL Honig
1 MS Zimt
¹/₄ l rohe Milch

Geräte

Sieb
Schüssel
Teelöffel
Küchenmesser
Gabel
Meßbecher

Vanillecreme mit Früchten

(für 2 Personen)

In einem kleinen Kochtopf verrührst du mit einem Schneebesen das Wasser mit dem frischgemahlenen Weizenvollkornmehl und bringst es unter Rühren zum Kochen. Wenn es 1 Minute gekocht hat, stellst du den Topf zum Abkühlen ins kalte Wasser (Spülbecken), dabei rührst du ab und zu um.

Wenn der Inhalt abgekühlt ist, rührst du Vanille, Eidotter, Honig und Sahne dazu. Das Eiweiß schlägst du zu steifem Schnee und rührst es vorsichtig unter die Creme.

Das Obst wird, je nach Sorte, geschält, entsteint oder entkernt. Danach schneidest du es in Scheiben oder Würfelchen und verteilst es in 2 Kompottschalen. 2 Stücke oder Scheiben läßt du zum Verzieren zurück. Dann verteilst du die Creme über dem Obst, verzierst sie mit dem zurückgelassenen Stück Obst und stellst sie 15 Minuten kühl.

Zutaten

1/4 l Wasser
50 g Weizenvollkornmehl

2 MS Vanille
1 Eidotter
2 EL Honig
2 EL Sahne
1 Eiweiß

500 g verschiedenes Obst
  je nach Jahreszeit

Geräte

Meßbecher
kleiner Kochtopf
Getreidemühle
Schneebesen
Küchenmesser
Schneidbrettchen
Tasse
Eßlöffel
hoher Mixbecher
Elektroquirl
Kompottschalen
Stiel-Teigschaber

266

Sonstiges

Ostereier färben

Gib die Zwiebelschalen in einen Topf, gieße 2 Liter Wasser darüber und stelle ihn auf den Herd. Koche die Schalen 10 Minuten aus und laß die Brühe abkühlen. Gieße sie nun durch ein Sieb.

In dieser Brühe kannst du nun die Eier kochen: Stich mit einer Stecknadel jedes Ei in die Eispitze, damit es beim Kochen nicht platzt. Lasse dann vorsichtig mit einem Eßlöffel ein Ei nach dem anderen in das kochende Wasser hineingleiten.

Wenn die Brühe erneut kocht, drehst du die Hitze zurück und läßt die Eier 10 Minuten kochen. Mit einem Eßlöffel nimmst du die Eier aus dem Topf, hältst sie kurz unter das kalte Wasser und läßt sie auskühlen.

Mit etwas Öl, das du auf deine Hände gibst, kannst du die Eier glänzend machen.

Zutaten

2 Handvoll Zwiebelschalen
2 l Wasser
10 Eier
1 TL Öl, kaltgepreßt

Geräte

2 Kochtöpfe
Meßbecher
Sieb
Eßlöffel
Stecknadel

Ostergras

Weiche abends den Weizen im Wasser ein und gieße ihn morgens in ein Sieb. Brause ihn ab und lasse ihn abtropfen. Mache dies 3 Tage lang, jeden Abend und Morgen. Am 3. Tag hat der Weizen Keime bekommen.

Nun nimmst du 1 – 2 große, runde Teller und verteilst darauf die Weizenkörner. Diese deckst du mit 1 cm Erde ab. Stelle die Teller an ein Fenster und gieße sie jeden Tag, aber nicht zuviel, sondern erst wenn die Erde wieder trocken ist.

Nach 2 Tagen schaut der Weizen schon aus der Erde und wächst wie Gras. Wenn das Gras 10 – 12 cm hoch ist, nimmst du es samt Wurzeln vom Teller ab und legst es in ein Osterkörbchen. Die braungefärbten Eier (siehe S. 267) kannst du dort hineinlegen.

Du mußt also, damit das Gras an Ostern hoch genug ist, den Weizen 10 Tage vorher einweichen und wie oben beschrieben fortfahren. Viel Spaß!

Zutaten

100 g Weizen
ca. 1/2 l Wasser
2 – 3 Handvoll Gartenerde

Geräte

Meßbecher
Schüssel
Sieb
1 – 2 große, runde Teller
Osterkörbchen

Selbstgezogene Kresse

Mit ganz einfachen Mitteln kannst du dir Kresse selbst ziehen. Verrühre den Kressesamen in einer Tasse Wasser und lasse ihn 1 Stunde quellen. 1 EL Samen ist ausreichend für einen flachen Eßteller mit Kresse.

Den gequollenen Samen gießt du nun in ein unglasiertes Tongefäß (dieses 1 Stunde vorher in Wasser einweichen), auf einen Porzellanteller oder eine Cromarganplatte.

Es dauert nun ca. 10 Tage, je nach Wärme, bis du deine Kresse ernten kannst. Du mußt nur jeden Tag daran denken, den Samen vorsichtig zu gießen, eventuell mit einem Wäschesprenger. Beobachte auch, wie sich schon am 2. Tag der Samen öffnet, wie sich die Wurzeln bilden und dann schließlich das grüne Stengelchen wächst.

Wenn es ca. 3 cm lang ist, kannst du es ernten. Schneide immer nur so viel mit der Schere ab, wie du brauchst. Die gewachsene Kresse hält sich einige Tage frisch, wenn du sie täglich weiter gießt.

Für Butterbrote, Salate oder Dips kannst du sie vielseitig verwenden.

Zutaten

*1 gestrichener EL
    Kressesamen*
1 Tasse Wasser

Geräte

*unglasiertes Tongefäß oder
    Porzellanteller flach oder
    Cromarganplatte flach*

Ihr habt sicher viel Freude und Spaß beim Kochen und Backen gehabt. Für Eure Arbeit waren viele Küchengeräte und -utensilien notwendig.

Eure Mutter oder Euer Vater haben doppelte Freude an Eurem emsigen Wirken, wenn Ihr alle benutzten Gerätschaften blitzeblank hinterlaßt und wieder an Ort und Stelle legt:

- übriggebliebene Zutaten aufräumen,
- Geschirr, Töpfe und Besteck abspülen und abtrocknen,
- Küchenmaschinen abwischen (vorher Stecker aus der Steckdose ziehen), benutzte Teile abspülen und abtrocknen,
- Herd und Arbeitsflächen abwischen, Backröhre auswischen,
- Küche kehren.